BENITO JUÁREZ

EL HOMBRE Y EL SÍMBOLO

BENITO JUÁREZ
EL HOMBRE Y EL SÍMBOLO

Patricia Galeana

© 2022, Ediciones Culturales Paidós, S.A. de C.V.
Bajo el sello editorial CRÍTICA M.R.
Avenida Presidente Masarik núm. 111,
Piso 2, Polanco V Sección, Miguel Hidalgo
C.P. 11560, Ciudad de México
www.planetadelibros.com.mx
www.paidos.com.mx

Diseño de portada: Planeta Arte & Diseño / Diana Chagoya
Imagen de portada: © Wikimedia Commons / José Escudero y Espronceda
Diseño de interiores: Guadalupe M. González Ruiz / Diana Chagoya
Formación: Eunice Tena Jiménez

Primera edición en formato epub: agosto de 2022
ISBN: 978-607-07-9161-1

Primera edición impresa en México: agosto de 2022
ISBN: 978-607-569-326-2

Impreso en los talleres de Litográfica Ingramex, S.A. de C.V.
Centeno núm. 162-1, colonia Granjas Esmeralda, Ciudad de México
Impreso y hecho en México – *Printed and made in Mexico*

ÍNDICE

PREÁMBULO

Su historia, durante cerca de tres lustros que ejerció el poder supremo, es la historia de México.

JOSÉ MARÍA IGLESIAS, 23 DE JULIO DE 1872

Eran las once y media de la noche del 18 de julio de 1872 cuando dejó de existir el presidente de México: Benito Juárez. Su nombre había trascendido fronteras en vida y se convirtió en símbolo tras su muerte, hasta el presente. Benito Juárez tenía 66 años cuando murió. Gobernó al país en el momento más difícil de su historia, cuando pudo convertirse en un protectorado francés o estadounidense.

El país se conmocionó. Era el primer presidente que moría en funciones. La prensa dio la noticia en grandes titulares. Leamos el texto de *El Siglo XIX*:

Nos proponemos abstenernos de toda cuestión política, entretanto no haya sido inhumado el cadáver del Sr. Juárez. El deber nos traza ese camino, e invitamos a la prensa a seguir la misma senda. Creemos conveniente que todo siga en la administración sin modificación alguna, hasta que se haya dado sepultura a los restos del Sr. Juárez. Los servicios que este prestó a la patria merecen sin duda que se le tribute este último homenaje por los partidos, y que estos abandonen por un momento toda cuestión política en obsequio de la memoria del Sr. Juárez.

La situación del país es grave a no dudarlo; pero creemos que la nueva administración y los que desconocieron el gobierno del Sr. Juárez, harán toda clase de esfuerzos patrióticos para restablecer la paz pública y para producir la concordia entre todos los hijos de México.[1]

José María Vigil y Jesús Castañeda escribieron el editorial del mismo periódico, que era uno de los de mayor circulación:

Anoche a las once y media falleció el primer magistrado de la República, a consecuencia de un tercer ataque de la enfermedad que venía padeciendo hace algunos años.

La elevada posición que en la jerarquía política ocupaba el C. Juárez, explica por sí sola la profunda sensación que semejante noticia ha causado en la capital, lo mismo que la causará hasta los últimos confines del país.

La personalidad política del C. Juárez pertenece de hoy más a la historia, cuyo buril inflexible y severo le asignará el lugar que de derecho le corresponde, siendo incuestionable que su recuerdo vivirá siempre en México por hallarse ligado con dos de las épocas más importantes de nuestra vida pública.[2]

La vida del Benemérito transcurrió entre los dos imperios napoleónicos. A dos años de su nacimiento, Napoleón I se apoderó de España y de los Estados pontificios. Al final de su vida, Juárez pudo ver cómo cayó el Segundo Imperio de Napoleón III, quien había escrito que la página más gloriosa de su reinado sería poner un dique a Estados Unidos con un imperio en México. Esto fue, por el contrario, el inicio de su caída.

El general español Juan Prim, que había vaticinado el fracaso de los franceses en México, fue asesinado en diciembre de 1870, después de haber atestiguado que su vaticinio había sido acertado y ver la caída de Napoleón III y el establecimiento de la tercera República. Juárez celebró la caída del Imperio napoleónico señalando que Francia volvía a su gran vida política "sin la cual una nación [...] es solo un rebaño humano encerrado en un cuartel o en la sacristía".[3]

Antes de partir, Juárez también pudo ver la pérdida de poder del líder de la Iglesia católica, Pío IX, quien había condenado la Ley Juárez en un consistorio secreto, y después, en el *Syllabus Errorum*, condenó el liberalismo y apoyó el Segundo Imperio. Ante el avance de la unidad italiana, el Papa que decretó el dogma de la infalibilidad pontificia, se declaró prisionero en el barrio romano del Vaticano, único ámbito de la soberanía papal.

El presidente autorizó el regreso del arzobispo Pelagio Antonio Labastida y Dávalos, no obstante su participación en la Guerra de Reforma, la Intervención Francesa y el Segundo Imperio. Consideró que ya se había derrotado a la Iglesia como institución política, en tanto que veía la escalada amenazante del militarismo encabezado por Porfirio Díaz. Escribió a su yerno y confidente que por eso se reeligió por segunda vez: estaba seguro de que Díaz le ganaría a Sebastián Lerdo de Tejada y no quería que nuevamente un hombre de armas se entronizara en el poder. Su predicción fue acertada. Años después, Díaz finalmente se hizo del poder y, aun cuando se había levantado en contra del propio Juárez con la bandera de la no reelección, se reeligió siete veces.

Cuando murió, el presidente Juárez acababa de ser reelecto hacía nueve meses. Había ganado la elección por 6 164 votos. Los otros candidatos fueron Porfirio Díaz, que obtuvo 3 484, y Sebastián Lerdo de Tejada con 2 905 votos.[4]

Había habido levantamientos armados en contra de la reelección de Juárez y a favor de Porfirio Díaz en Tampico, Nuevo León, Zacatecas, Michoacán, Estado de México, Puebla y en La Ciudadela. Díaz proclamó el Plan de la Noria con el lema "No reelección". Una vez que fue derrotado, se marchó a Nueva York, vía La Habana.

Antes de las elecciones, el presidente Juárez había alertado sobre el hecho de que estaban latentes los elementos que podían destruir las instituciones, "los partidarios del retroceso".[5] Después del levantamiento de La Noria, en su toma de protesta reiteró: "De nuevo [...] alza el militarismo de otros tiempos su odioso pendón frente a la bandera de la legalidad [...] su fin es [...] solo el cambio de personas en el poder".[6]

Nadie pensó entonces en la partida repentina del presidente. La aún vigente Constitución de 1857 había suprimido la figura del vicepresidente, que había sido la causa de constantes motines políticos.

La Constitución de 1857 estableció que, a falta del jefe del Ejecutivo, el presidente de la Corte ocuparía su lugar; por ello, Sebastián Lerdo de Tejada tomó la presidencia. Se decretó luto nacional. Desde que su corazón dejó de latir y hasta que el cuerpo del Benemérito quedó depositado en su tumba, cada hora se disparó el cañón. Una muchedumbre se agolpó en Palacio Nacional. El Salón de Embajadores se tapizó de negro; el cuerpo del presidente se colocó vestido de negro, con una banda tricolor y el bastón de mando.

En la ceremonia fúnebre, el discurso principal estuvo a cargo de José María Iglesias, orador oficial; Ignacio Silva, en nombre de la Diputación Permanente; Alfredo Chavero, representante del Ayuntamiento.[7]

En su crónica, Julio Zárate escribió:

> Prescindiendo de toda consideración política, porque no seremos nosotros los que combatamos a un cadáver después de la inflexible oposición que le hicimos al funcionario sentado en el pináculo del poder, el fallecimiento del Sr. Juárez ha sido un grande y solemne acontecimiento. La segura niveladora de la muerte abatió una existencia que personificara en un tiempo la gloriosa revolución reformista, y, en días no muy lejanos, la sagrada causa de la independencia [...] Todos los partidos han comprendido que honrar la memoria del distinguido ciudadano que acaba de morir, era un homenaje justo y merecido, y todos ellos han contribuido a tributarlo, con una pompa verdaderamente digna de la República.[8]

Y a continuación, el cronista nos ofrece una descripción detallada del cortejo que inundó las calles y plazas de la ciudad, así como de la participación de toda clase de ciudadanos, miembros del gobierno, el ejército y miembros del cuerpo diplomático que participaron en la marcha fúnebre.

No obstante su origen, indio zapoteca en una sociedad racista, de paupérrima condición social, fue el primer abogado en su estado natal, Oaxaca. Tuvo los máximos cargos en los tres niveles de gobierno y en los tres Poderes de la República. Solo estos hechos ya lo hacen digno de admiración.

Veamos la vida del hombre y su transformación en símbolo, así como la defensa de la soberanía del Estado frente al intervencionismo extranjero, el clericalismo[9] y el militarismo. Defensor del Estado de derecho y de un gobierno civil, simbolizó también la reivindicación de la raza sometida.

UN INDIO ZAPOTECA EN UNA SOCIEDAD RACISTA

Mis padres, Marcelino Juárez y Brígida García, indios… de la nación Zapoteca.

BENITO JUÁREZ, *APUNTES PARA MIS HIJOS*, 1857

Juárez era oaxaqueño igual que Díaz. En sus memorias autobiográficas, que tituló *Apuntes para mis hijos*, destaca ser miembro de la nación zapoteca, cuya lengua es en nuestros días la sexta más hablada en el país.[10]

Oaxaca ha sido una región importante desde la época prehispánica, con el asiento de grandes culturas originarias. Sede de las culturas zapoteca, mixteca y mixe, entre otras, con influencia olmeca, teotihuacana y maya. Para constatar su grandeza, basta visitar Monte Albán o Mitla.

Cuando ocurrió la conquista, la región estaba dominada por el Imperio mexica. Hernán Cortés tuvo una particular predilección por la zona y fue nombrado marqués del Valle de Oaxaca. Fue una de las provincias sede de un obispado, asiento de dominicos y también de franciscanos, entre otras órdenes religiosas. La magnificencia de sus templos reitera la importancia de la región, así como la biblioteca de Francisco Burgoa. En el tiempo de la insurgencia, se hablaban veinte lenguas distintas, sin contar las variantes dialécticas.

Un recorrido por su vida nos mostrará que lo que pareciera una leyenda se corresponde con su biografía. Resulta que lo que nos han enseñado en los libros de texto sobre el campesino indígena que se quedó huérfano, aprendió español a los 13 años y llegó a ser presidente es su historia real.

Juárez nació en una pequeña población de la Sierra de Ixtlán, el pequeño caserío de San Pablo Guelatao, que cuenta con un pequeño lago que explica el asentamiento humano en ese lugar. Hoy se llega a él por una intrincada carretera; imaginemos lo distante que resultaba el sitio en 1806. Sus padres, Marcelino Juárez y Brígida García, campesinos indígenas, murieron cuando él tenía 3 años,[11] así que quedó al cuidado de los abuelos paternos.

He aquí su propio relato:

> El 21 de marzo de 1806 nací en el pueblo de San Pablo Guelatao de la jurisdicción de Santo Tomás Ixtlán en el Estado de Oaxaca. Tuve la desgracia de no haber conocido a mis padres, Marcelino Juárez y Brígida García, indios de la raza primitiva del país, porque apenas tenía yo tres años cuando murieron, habiendo quedado con mis hermanas María Josefa y Rosa al cuidado de nuestros abuelos paternos Pedro Juárez y Justa López, indios también de la nación Zapoteca.
>
> Mi hermana María Longinos, niña recién nacida pues mi madre murió al darla a luz, quedó a cargo de mi tía materna Cecilia García. A los pocos años murieron mis abuelos.[3]

Como mencionamos, Juárez nació en el período en que España fue sacudida por la invasión napoleónica de 1808, antecedente de la revolución insurgente.

El obispo Manuel Abad y Queipo había enviado varias representaciones al rey de España, alertándolo sobre la enorme desigualdad social que se vivía en la Nueva España y que, de no resolverse, daría pie a movimientos sociales. En 1799, Abad y Queipo describió la situación de los indios así:

> Las dos clases, indios y castas, se hallan en el mayor abatimiento y degradación, el color, la ignorancia y la miseria de los indios los colocan a una distancia infinita de un español, el favor de las leyes en esta parte, les aprovecha muy poco y en todas las demás les daña mucho.

> Circunscritos en el círculo que forma un radio de 600 varas que señala la ley a sus pueblos no tienen propiedad individual, la de sus comunidades que cultivan apremiados y sin interés inmediato, debe ser para ellos una carga tanto más odiosa cuanto más ha ido creciendo de día en día la dificultad de aprovecharse de sus productos, en las necesidades urgentes que vienen a ser insuperables por la nueva forma de manejo que estableció el código de intendencias.[13]

Alejandro de Humboldt, en su "Ensayo político sobre el Reino de la Nueva España", vislumbra un levantamiento social de no resolverse tal desigualdad. Con el siguiente ejemplo, describe la situación imperante:

> el ejemplo de un muchacho indio de 27 años hallado entre esas chozas y que, ignorando quiénes eran sus padres, jamás había salido de la plaza, donde se alimentaba con las frutas que se tiraban. Fue presentado ante el virrey, y se lo encontró más salvaje y embrutecido que los indios de los bosques.
>
> ¡Era un salvaje que vivía frente a una universidad española en el centro de una gran capital![14]

La paja estaba lista para arder cuando vino la crisis política de la Corona española y la intervención napoleónica a España. En las pláticas de Bayona, Napoleón hizo que Fernando VII regresara la corona a Carlos IV, y después puso a su hermano José a gobernar España.

Ante esta situación, en Nueva España, al igual que en la metrópoli, se reunieron en juntas para organizar la resistencia frente a los franceses. Hubo quienes pensaron en invitar al monarca español a gobernar en la Nueva España, mientras unos más consideraron la necesidad de obtener la autonomía pacíficamente. En el Ayuntamiento de la Ciudad de México, Francisco Primo de Verdad y Ramos, Juan Francisco Azcárate y el mercedario peruano Melchor de Talamantes encabezaron el movimiento autonomista criollo. Cuando se reprimió el movimiento, se cerró la vía pacífica y estalló la guerra insurgente de 11 años.

Oaxaca fue un importante escenario de la insurgencia. José María Morelos liberó la provincia del dominio realista y organizó su gobierno independiente. El oaxaqueño Carlos María de Bustamante fue electo diputado para el Congreso de la Anáhuac. Muerto Morelos, el movimiento independentista se mantuvo en pie de lucha en el límite de Oaxaca con el actual estado de Guerrero, gracias a Vicente Guerrero.

Entretanto, el niño Benito se dedicó a las labores del campo:

> Como mis padres no me dejaron ningún patrimonio y mi tío vivía de su trabajo personal, luego que tuve uso de razón me dediqué hasta donde mi tierna edad me lo permitía, a las labores del campo. En algunos ratos desocupados mi tío me enseñaba a leer, me manifestaba lo útil y conveniente que era saber el idioma castellano, y como entonces era sumamente difícil para la gente pobre, y muy especialmente para la clase indígena, adoptar otra carrera científica que no fuese la eclesiástica, me indicaba sus deseos de que yo estudiase para ordenarme [...]
>
> En un pueblo corto, como el mío, que apenas contaba con veinte familias y en una época en que tan poco o nada se cuidaba de la educación de la juventud, no había escuela; ni siquiera se hablaba la lengua española, por lo que los padres de familia que podían costear la educación de sus hijos los llevaban a la ciudad de Oaxaca con este objeto, y los que no tenían la posibilidad de pagar la pensión correspondiente los llevaban a servir en las casas particulares a condición de que los enseñasen a leer y a escribir. Este era el único medio de educación que se adoptaba generalmente no solo en mi pueblo, sino en todo el distrito de Ixtlán, de manera que era una cosa notable en aquella época que la mayor parte de los sirvientes de las casas de la ciudad era de jóvenes de ambos sexos de aquel distrito [...]. Me formé la creencia de que solo yendo a la ciudad podría aprender.[15]

A los 12 años, como sucede hasta nuestro tiempo con la población indígena, Benito migró a la ciudad de Oaxaca, a la casa donde trabajaba su hermana como cocinera. Era la casa de los Maza, una familia adinerada con la que se emparentó al casarse con Margarita:

> El día 17 de diciembre de 1818 y a los doce años de mi edad me fugué de mi casa y marché a pie a la ciudad de Oaxaca, a donde llegué en la noche del mismo día, alojándome en la casa de don Antonio Maza en que mi hermana María Josefa servía de cocinera. En los primeros días me dediqué a trabajar en el cuidado de la granja ganando dos reales diarios para mi subsistencia, mientras encontraba una casa en qué servir.[16]

Justo Sierra, en la biografía *Juárez. Su obra y su tiempo*, afirma que su tío lo maltrataba. En sus notas autobiográficas, Juárez no lo menciona. Es más, no se expresa en forma negativa de su tío; al contrario, refiere que él le inculcó la necesidad de aprender el idioma de Castilla y que él mismo le llevaba la disciplina para que lo castigara si no aprendía bien la lección.

Como vimos, su tío le hizo ver que la única forma de estudiar y salir de su condición de pobreza sería convertirse en cura. Juárez nos refiere que, aunque a él no le gustaba esa opción, acabó estudiando en un seminario.

Benito logró colocarse con el fraile franciscano Antonio Salanueva, quien lo envió a estudiar a la Escuela Real de Primeras Letras, donde aprendió español. Juárez comenta que la educación era deficiente porque no enseñaban gramática, sino que aprendían de memoria el catecismo del padre de Ripalda: "Era cosa inevitable que mi educación fuese lenta y del todo imperfecta. Hablaba yo el idioma español sin reglas y con todos los vicios con que lo hablaba el vulgo".[17]

En su autobiografía refiere la discriminación que sufrió:

> El maestro se molestó y en vez de manifestarme los defectos que mi plana tenía y enseñarme el modo de enmendarlos solo me dijo que no servía y me mandó castigar. Esta injusticia me ofendió profundamente no menos que la desigualdad con que se daba la enseñanza en aquel establecimiento que se llamaba la Escuela Real; pues mientras el maestro en un departamento separado enseñaba con esmero a un número determinado de niños, que se llamaban decentes, yo y los demás jóvenes pobres como yo, estábamos relegados a otro departamento, bajo la dirección de un hombre que se

titulaba ayudante y que era tan poco a propósito para enseñar y de un carácter tan duro como el maestro.[18]

Él mismo pidió a Salanueva, que era su padrino por haberlo llevado a confirmar, ir a estudiar al Seminario, no por que quisiera ser cura, sino porque se consideraba que los clérigos "sabían mucho" y por ello eran respetados. Fue así como estudió gramática latina, después filosofía y —por interés de Salanueva— teología. En todo obtuvo calificaciones excelentes.

Existe una gran cantidad de biografías sobre Benito Juárez, solo menciono algunas de las más significativas. La primera fue la de Anastasio Zerecero. Se hizo en vida del biografiado, fue publicada en *La Voz de América*, revista chilena. Zerecero había sido insurgente, fue después trigarante, un liberal federalista yorkino que se unió al movimiento de Ayutla y de Reforma. Esta biografía llevó a nuestro personaje a escribir la suya propia con el título *Apuntes para mis hijos*. No sabemos si fue porque no le satisfizo la de Zerecero o si, por el contrario, esta lo hizo reflexionar sobre la importancia de que él mismo dejara su testimonio. Lamentablemente, su autobiografía solo llega hasta 1857. Después, al hacerse cargo de la Presidencia de México tras el golpe de Estado de Comonfort, lo que conservamos para dar seguimiento a su vida es su abundante correspondencia. Por fortuna, tenía la buena costumbre de escribir en cada carta que recibía lo que iba a contestar. Gracias al espléndido trabajo del oaxaqueño Jorge L. Tamayo, existen 15 volúmenes donde se ha recopilado toda su correspondencia, con sus diferentes interlocutores. Esta compilación es indispensable para conocer al personaje.

La biografía más completa es la que escribió Justo Sierra, *Juárez su obra y su tiempo*, ya que él fue un testigo de los hechos. Francisco Sosa también incluyó la biografía de Juárez en *Biografías de mexicanos distinguidos*. Héctor Pérez Martínez, mucho tiempo después, escribió *Juárez, el impasible*. Curiosamente, estos tres biógrafos son campechanos.

Además de estas obras que muestran la admiración de los biógrafos por su biografiado, tenemos las obras críticas. Entre ellas destacan la del porfirista Francisco Bulnes: *El verdadero Juárez*, o el libelo de Celerino Salmerón.

Entre los historiadores extranjeros hay que mencionar a Ralph Roeder que escribió *Juárez y su México*; Charles Allen Smart, *Juárez*, y Brian Hamnett, *Juárez: El Benemérito de las Américas*.

Algunos textos afirman que no hizo nada por los pueblos indígenas, pero ya veremos cómo los hechos desmienten tal aseveración. El historiador Miguel León-Portilla, especialista y defensor de los indios, muestra en su texto «Juárez, el indio»[19] lo que hizo en pro de las comunidades originarias, desde promover su educación hasta decretar la condena de muerte para quienes vendieran indios mayas a Cuba.

Sierra describe físicamente a Juárez como un personaje que no medía mucho más de metro y medio, con una fisonomía de líneas rectas y planos fuertes, ojos de esmalte negro y piel bronce mate.[20] Su esposa Margarita Maza afirmó que, si no era bien parecido, era el mejor compañero.

De acuerdo con Héctor Pérez Martínez, parecía impasible, impenetrable. Era reservado y tenía preferencia por la vestimenta oscura. Era frío en la política, pero era muy tierno con sus hijos y con su esposa. Austero en su forma de vivir, el Congreso tuvo que dar una pensión a sus descendientes una vez que él murió.

No le gustaba hablar en público y su oratoria no era la más brillante. Justo Sierra comentó: «no era un hombre de talento, si por talento se entiende esa especie de espuma brillante de la inteligencia que presenta la idea en forma de moléculas luminosas y efímeras que encienden en el oxígeno de una conversación, de un discurso, de un escrito [...] Lo que tenía el gran estadista era un entendimiento perfectamente ponderado».[21]

Cuando Juárez llegó a la ciudad de Oaxaca ya habían sido ejecutados los líderes insurgentes Miguel Hidalgo y José María Morelos, y la guerra se encontraba en el período de resistencia. Asimismo, los realistas habían derrotado al liberal español Francisco Javier Mina, que había venido a luchar por la independencia de México, en contra del absolutismo de la monarquía española.

En 1820, en España inició el Trienio Liberal. El levantamiento del general Rafael de Riego obligó a Fernando VII a restablecer la Constitución de Cádiz, cesó en sus funciones la Inquisición, si bien desapareció hasta 1834.

El pronunciamiento de Riego llevó a que la jerarquía eclesiástica novohispana fraguara un plan contrarrevolucionario en la Iglesia de La Profesa de la Ciudad de México. La idea era que Fernando VII viniera a gobernar el Imperio desde la Nueva España, sin Constitución.

Para ello había que pacificar al país y acabar con los insurgentes que quedaban. Se le asignó a Agustín de Iturbide la tarea de sofocar el foco insurgente más activo, encabezado por Vicente Guerrero en el sur. Como no pudo derrotarlo, Iturbide decidió negociar con él. Es así, por medio de una negociación de paz, como concluyó la guerra insurgente y se consumó la Independencia.

En Oaxaca, el realista Antonio de León se unió al Plan de Iguala y se convirtió en un personaje importante en la entidad. Cuando Iturbide disolvió el Congreso, León se levantó en su contra y declaró a Oaxaca estado libre y soberano. Al firmarse el acta constitutiva de la Federación, Oaxaca se reintegró al país. León murió en defensa de la patria durante la invasión de Estados Unidos, al frente de la brigada oaxaqueña en la batalla de Molino del Rey.

En 1821, durante el mes de octubre, Juárez ingresó al Seminario Pontificio de la Santa Cruz. Ahí estudió de los 15 hasta los 21 años, como ya mencionamos, con excelentes calificaciones.

En *Apuntes para mis hijos*, Juárez hace algunas reflexiones en torno a la historia de México. Respecto a la Independencia, orgulloso de su origen, refiere que se inició gracias a Hidalgo y un puñado de indígenas armados, que fueron quienes hicieron el movimiento insurgente. Llama la atención que no mencione a Morelos y sí a Guerrero. En alusión a Iturbide, destaca cómo abusó del poder nombrándose emperador.

En efecto, en 1822 Iturbide se proclamó emperador. Su efímero imperio duró nueve meses ante la oposición de borbonistas y el levantamiento de los insurgentes republicanos. Aunque el Primer Imperio cayó, el monarquismo siguió vigente, y este crecería en cada crisis de la República, ya fuera federal o unitaria, hasta que tomó una gran fuerza después de la guerra de conquista territorial que Estados Unidos emprendió contra México, donde le arrebató más de la mitad de su territorio. Entonces, como veremos más adelante, se pensó que la solución para que no desapareciera el país a manos de su vecino del norte era establecer una monarquía aliada de Europa.

Sobre los primeros años de vida independiente, Juárez nos refiere la importancia de la masonería y cómo las logias constituyeron verdaderas organizaciones políticas e hicieron las veces de partidos. Se refiere al partido monárquico conservador escocés, que centraliza el poder y defiende los privilegios de las clases altas; y al partido republicano yorkino, que defiende el federalismo.

Al caer el Imperio, se estableció la primera República Federal en 1824. Juárez hizo comentarios críticos a la Constitución. Consideró que, en el fondo, triunfaron los centralistas, ya que las comandancias generales anularon la autonomía de los estados. Concluyó que esta Constitución no fue más que una transición entre el retroceso y el progreso.

Durante este período se creó el Instituto de Ciencias y Artes de Oaxaca, antecedente de la actual Universidad Benito Juárez de Oaxaca, de acuerdo con la Ley de Instrucción Pública de 1825. Estos institutos no dependían de la Iglesia, por lo que fueron considerados «centros de perdición».

Como se recordará, el padre Salanueva quería que Benito fuera cura, pero él escribió que la carrera eclesiástica le repugnaba. Además, dada su condición socioeconómica, solamente podía aspirar a ser lo que se llamaba *cura de misa y olla*, quienes solo sabían decir la misa y no podían predicar. Para decir misa, se aprendían de memoria tan solo la teología moral de fray Francisco Lárraga, por lo que también se les llamaba *lárragos*.

Benito aprovechó la situación de que no había obispos para ordenar a los sacerdotes, pues algunos se habían muerto y otros se habían ido durante la guerra de independencia. La Santa Sede no había reconocido la independencia, por lo que los papas querían nombrar a obispos *in partibus*, o sea, aquellos que se enviaban a tierras de infieles. Esto no era aceptable para los propios sacerdotes mexicanos, ya que se trataba de un país católico. Gracias a esta situación, Juárez logró salirse del Seminario e inscribirse en el Instituto de Ciencias y Artes de Oaxaca, adonde ingresó en agosto de 1828 para seguir la carrera de Jurisprudencia.

En el Instituto de Ciencias y Artes se pudo alejar del dogmatismo del Seminario y desarrollarse en una ideología liberal, en lo que la sociedad oaxaqueña llamaba *casa de prostitución*. Consideraban libertinos a los maestros y a los alumnos porque no se enseñaba religión. Juárez comenta que, debido a que eran condenados por la sociedad en general, un considerable número de estudiantes y maestros desertaron.

Quince años después de consumada la independencia, México seguía bajo la amenaza de la reconquista española. Fernando VII desconoció los Tratados de Córdoba firmados por Juan O'Donojú con Iturbide. Al concluir el Trienio Liberal al que le había obligado el levantamiento de Riego, el rey restableció el régimen absolutista con el apoyo de Francia. Inició lo que se conoce como la Década Ominosa (1823-1833), suprimió la Constitución de Cádiz y restableció al Tribunal Inquisitorial con el nombre de Juntas de Fe. Por su parte, los papas Pío VII, León XII y Pío VIII siguieron llamando a los americanos a mantener su lealtad al monarca español.

Tal situación provocó manifestaciones antiespañolas y se prohibió que los españoles entraran al país. Tras el levantamiento del clérigo Joaquín Arenas (1827) que quería restablecer el dominio español, se prohibió que los hispanos ocuparan cargos públicos y se dio su primera expulsión. En 1823 James Monroe, presidente de Estados Unidos, se pronunció en contra de la reconquista de las nuevas naciones americanas y de la intervención europea en América, declaración que se convertirá en la doctrina: «América para los americanos», con la doble interpretación que esta implica.

No obstante, Gran Bretaña, Francia y España proclamaron su derecho a reconquistar sus dominios perdidos en América. Ante el anuncio de que España enviaría tropas para la reconquista y con el temor de que hubiera un desembarco en Tehuantepec, los estudiantes del Instituto de Ciencias y Artes oaxaqueño se alistaron en la milicia cívica en 1829. Benito Juárez fue nombrado teniente.

Los españoles desembarcaron en Tampico y fueron derrotados por Manuel de Mier y Terán y Antonio López de Santa Anna. Cuando el primero murió, Santa Anna usufructuó el triunfo, y a partir de entonces fue conocido como el Héroe de Tampico.

Debido a que, después de 11 años de guerra insurgente, 15 años más se siguieron presentando amenazas de reconquista, el ejército resultó indispensable y esto condujo a la entronización de su caudillo. Santa Anna había sido realista, luego trigarante y anti-iturbidista. Era el caudillo sin ideología. Gobernó con todos los partidos, entró y salió de la presidencia 11 veces durante siete períodos gubernamentales. No obstante, en total estuvo en la presidencia menos de un sexenio. Le gustaba tener el poder, no gobernar.

Después de la promulgación de la Constitución Federal de 1824, el primer presidente, Guadalupe Victoria, logró terminar su período, pero la transición al segundo período gubernamental fue muy accidentada. Como se mencionó, las logias masónicas hicieron las veces de partidos políticos, los escoceses eran moderados y apoyaron la candidatura a la presidencia de Manuel Gómez Pedraza, secretario de Guerra de Victoria. En contraposición, los yorkinos, que eran federalistas radicales, apoyaron a Vicente Guerrero.

Gómez Pedraza ganó la elección, pero los yorquinos la desconocieron argumentando que había utilizado su cargo para manipular la decisión y denunciaron que había sido un fraude. Hubo levantamientos, un motín en la cárcel de la Acordada y saqueo en el mercado del Parián. Ante estos hechos, el Congreso desconoció la elección de Gómez Pedraza.

Guerrero asumió la presidencia. No obstante su brillante papel en la insurgencia y en la consumación de la independencia, su gobierno fue muy cuestionado, no solo por cómo llegó al poder sino por ser mulato; era una sociedad racista.

La Constitución de 1824 había establecido, igual que en Estados Unidos, la figura de vicepresidente. Este cargo lo ocupaba el candidato que quedaba en segundo lugar en las elecciones, por lo que se trataba del rival del presidente en turno; no era de extrañar que hiciera todo lo posible por derrocarlo para ocupar su lugar. Esta situación —unida primero a la amenaza de reconquista y después al acoso internacional de las potencias que querían ocupar el lugar de la antigua metrópoli, apoderarse de su territorio o de sus riquezas naturales— hizo muy difícil la construcción del Estado mexicano y la estabilidad política.

El vicepresidente Anastasio Bustamante inició la serie de derrocamientos. Vicente Guerrero fue declarado incapacitado para gobernar. Después se le puso una celada con un traficante de armas y fue ejecutado, lo que ocasionó un levantamiento que derrocó a su vez a Bustamante. Santa Anna y los militares beligerantes acordaron que Gómez Pedraza concluyera el período gubernamental, y este ocupó la presidencia tres meses. Después llegó Santa Anna por vez primera a la presidencia, y el vicepresidente fue Valentín Gómez Farías.

CAPÍTULO 2

EL PRIMER ABOGADO OAXAQUEÑO

Nada con la fuerza; todo con el derecho y la razón.

Durante este tiempo, Juárez siguió estudiando en el instituto, donde fue profesor sustituto de Física. Concluyó sus estudios de Derecho en 1831, siendo el primer abogado egresado del Instituto en titularse.

Se tituló con todos los honores. Su tesis se refirió al régimen de la propiedad. Fue maestro de Física, de Derecho Civil, Derecho Canónico, Derecho Patrio y Derecho Romano de la misma institución que lo formó. Asimismo, sería secretario y director del mismo instituto.

Como abogado, propuso diversas leyes y reformas constitucionales. Leyes civiles para proteger la propiedad, la libertad y la seguridad individual. También propuso reformas constitucionales para que hubiera una efectiva división de poderes y que las elecciones presidenciales fueran directas. Propuestas vanguardistas para aquellos años; recordemos que durante todo el siglo XIX, las elecciones fueron indirectas.

Juárez hizo una serie de reflexiones muy críticas del régimen colonial. Consideró que fue una política bárbara que envileció a los mexicanos. Según Justo Sierra, una de sus lecturas de cabecera fue «Ensayo sobre el verdadero estado de la cuestión social y política que se agita en la República Mexicana» de Mariano Otero, visión optimista de todo lo que podría hacer México una vez que consolidara su Estado.

La primera Constitución de Oaxaca se promulgó el 10 de enero de 1825 y estuvo en vigor hasta que la sustituyó la del 15 de septiembre de 1857. Una de las características de la primera Constitución oaxaqueña fue haber seguido el modelo norteamericano, de manera que el Poder Legislativo estaba integrado por dos Cámaras: diputados y senadores. El Senado, por tanto, era una institución local con la que Benito Juárez estaba familiarizado.

Conforme con el artículo 192 de la Constitución oaxaqueña, la Corte de Justicia del estado estaba integrada por un regente, un fiscal y «los ministros necesarios», cuyo número determinaba la ley. La Corte funcionaba en dos salas, y la segunda estaba facultada para revisar las resoluciones de la primera. En cuanto al pleno, según el artículo 195, este era competente para «examinar y recibir con arreglo a las leyes a los que soliciten ser abogados y escribanos». Este fue el trámite que tuvo que cumplir Juárez para ejercer la abogacía en 1834.

Empezó su práctica profesional en el bufete de Tiburcio Cañas y, al finalizar el año 31, fue nombrado regidor del Ayuntamiento de la capital de Oaxaca, iniciando así su exitosa carrera política. Como regidor se hizo cargo de llevar los asuntos económicos al gobierno municipal. Al año siguiente fue nombrado magistrado interino de la Suprema Corte de Justicia del Estado, cuya función era presidir la audiencia territorial y, por ende, el tribunal, con lo cual fue adquiriendo experiencia administrativa y judicial.

En enero de 1833 fue electo diputado local de Oaxaca y, en marzo del mismo año, capitán de la milicia cívica. Fue entonces cuando tuvo su primer enfrentamiento con la Iglesia. Los indios de Loxicha solicitaron su ayuda ante el cobro de obvenciones parroquiales que les exigía el cura del lugar.

Juárez nos refiere que, gracias a que había una administración liberal en el estado, el tribunal eclesiástico atendió su solicitud. Sin embargo, aquella administración cayó a causa de las acciones del clero, que ejerció su «funesta influencia». El cura mandó encarcelar a todos los que habían protestado, con el apoyo del prefecto y del juez. Él se presentó en el lugar para remediar semejante injusticia. No obstante, el juez no le quiso dar información, argumentando que era reservada, y lo amenazó para que no siguiera llevando el caso. De lo contrario, lo juzgaría como vago. Ante semejante amenaza, recurrió a la Corte de Justicia, pero tampoco hicieron caso a su demanda, ya que el clero estaba representado en dicho tribunal. Procedieron a encarcelarlo. Juárez refirió así el hecho:

> Implacable el juez en sus venganzas, como lo son generalmente los sectarios de alguna religión, quiso perseguirme y humillarme [...] para que procediese a mi aprehensión, expresando por única causa: que estaba yo en el pueblo de Losicha sublevando a los vecinos contra las autoridades [...]
>
> El juez de la capital, que obraba de acuerdo con el cura, pasó a mi casa a la medianoche y me condujo a la cárcel sin darme más razón que la de que tenía orden de mandarme preso a Miahuatlán [...]
>
> Era tan notoria la falsedad del delito que se me imputaba y tan clara la injusticia que se ejercía contra mí que creí como cosa segura al Tribunal Superior, a quien ocurrí, pero me equivoqué, pues hasta al cabo de nueve días se me excarceló bajo de fianza y jamás se dio curso a mis quejas [...]
>
> Sufrí las arbitrariedades de las clases privilegiadas en consorcio con la autoridad civil, lo que me afirmó en mi propósito de destruir el poder funesto de las clases privilegiadas [...]
>
> [...] subsistían los fueros eclesiástico y militar, la intolerancia religiosa, la religión de Estado y la posesión del clero de cuantiosos bienes de que abusaba fomentando los motivos para cimentar su funesto poderío.[22]

Desde entonces inició su anticlericalismo.

Como mencionamos, en 1833 había llegado Santa Anna a la presidencia con Gómez Farías como vicepresidente. Ya que a Santa Anna le gustaba tener el poder pero no gobernar, dejó a su vicepresidente hacerlo. Gómez Farías era liberal y emprendió una reforma de acuerdo con el ideólogo José María Luis Mora, fundador del Partido del Progreso.

Mora quería que el gobierno mexicano ejerciera el Patronato sobre la Iglesia católica, como un derecho del Estado, igual que lo habían ejercido los reyes de España, y que así la Iglesia se convirtiera en un órgano del Estado.

Cabe recordar que el Estado español había surgido con la alianza entre el trono y el altar. Los reyes de España habían firmado un concordato con la Santa Sede, eran los patronos de la Iglesia católica en su territorio. Se creó la Inquisición para que no hubiera ninguna idea distinta al catolicismo, expulsando a moros y judíos. Legitimaron la conquista de América para imponer a la religión católica como la única verdadera.

En 1833, el pontificado no había reconocido la independencia por su alianza con la Corona española. Además, consideraba al Patronato una concesión y no un derecho de los Estados. Y aun después de reconocer la Independencia de México, no estuvo dispuesto a darles esta concesión a los gobiernos mexicanos. Argumentaba que la había otorgado a los reyes de España para la evangelización de los pueblos americanos.

Además de ejercer el Patronato como un derecho del Estado, Mora también quería resolver la bancarrota del erario desamortizando los bienes del clero. Asimismo, quiso acabar con el monopolio educativo de la Iglesia y con sus fueros y privilegios, así como con los del ejército.

Con esos objetivos, Gómez Farías inició una serie de reformas. Dictó la secularización de los bienes del clero, suprimió la coacción civil para asuntos religiosos, cerró la Universidad Pontificia de México y creó la Dirección de Instrucción Pública.

Juárez apoyó desde Oaxaca la reforma liberal. Estallaron diversos levantamientos al grito de «Religión y fueros». Clero y milicia se unieron contra la reforma y a favor de Santa Anna, declarándolo supremo dictador, en defensa de los fueros militar y eclesiástico. El movimiento triunfó, Santa Anna reasumió la presidencia, disolvió las cámaras, derogó las leyes reformistas y convocó a un nuevo Congreso constituyente. Gómez Farías y Mora salieron al exilio.

De esta forma fracasó el intento de reforma de la segunda generación de liberales. Mora murió en el exilio, amargado, culpando a Gómez Farías del fracaso, como si hubiera sido posible derrotar a Santa Anna, que controlaba el ejército. Por su parte, Gómez Farías regresaría y continuaría en la lucha.

La primera generación de liberales la había encabezado Miguel Hidalgo, quien se enfrentó a la Iglesia ante la excomunión lanzada en su contra. Denunció que eran «católicos por política» y que «su Dios era el dinero». Morelos suprimió la coacción para el pago de obvenciones parroquiales. La segunda generación de liberales fue la de Gómez Farías y Mora, quienes intentaron someter a la Iglesia y al ejército a la autoridad del Estado. Y la tercera generación fue la que encabezó Juárez para llevar a cabo la reforma estructural del país y acabar con los atavismos coloniales.

Cuando los conservadores triunfaron frente al intento reformista de 1833, se pronunciaron por un sistema centralista. Se proclamaron las Leyes Constitucionales de la República Mexicana de 1836, conocidas como las Siete Leyes, establecieron una república unitaria y un cuarto poder llamado Supremo Poder Conservador, cuya función era que ninguno de los tres poderes tradicionales —Legislativo, Ejecutivo y Judicial— invadiera las funciones de otro.[23] Este cuarto poder fue una idea de Benjamin Constant promovida en México por Lucas Alamán. Sin embargo, no fue del agrado de Santa Anna y se eliminó en la segunda Constitución centralista de 1843.

Los federalistas se sublevaron en Zacatecas contra la Constitución centralista de 1836. Santa Anna dejó a un presidente interino, salió a combatirlos y castigó a los zacatecanos fraccionando el estado, creando el de Aguascalientes.

El mismo año de 1836, con el apoyo de Estados Unidos, Texas declaró su separación del país debido a que se rompió el pacto federal. Santa Anna emprendió la campaña militar contra los rebeldes tejanos y fue derrotado. Texas permaneció como país independiente hasta su anexión a Estados Unidos en 1845. Posteriormente, la definición de sus límites, que los estadounidenses modificaron del Río de las Nueces al Río Bravo, fue el pretexto para invadir al país en una guerra de conquista territorial que le arrebató a México más de la mitad de su territorio.

Entretanto, muerto Fernando VII, España había reconocido la independencia de México en 1836. Al año siguiente de quedar libre de amenaza de reconquista, Francia demandó el pago exagerado de supuestos daños a sus connacionales, bloqueando el puerto de Veracruz por cinco meses en 1838. Ya que México no aceptó ninguna negociación hasta el retiro de los buques, tuvo lugar la llamada Guerra de los Pasteles, que recibió este nombre porque entre las demandas estaba la de un pastelero.

México aceptó pagar la suma demandada por Francia en marzo de 1839, después de 11 meses de una guerra en la que Santa Anna volvió a ser héroe, pues perdió una pierna en la defensa de Veracruz. Luego, regresó a ocupar la presidencia.

Los federalistas siguieron en pie de lucha. Se formó la red de Río Grande en el norte, que incluyó a Tamaulipas, Nuevo León, Zacatecas, Coahuila, Durango, Chihuahua y Nuevo México. En el sur, Yucatán declaró su independencia, mientras rigiera el centralismo. Los federalistas yucatecos propusieron un proyecto de Constitución con la supresión de los fueros eclesiástico y militar, libertad de cultos y el juicio de amparo, para proteger las garantías individuales de las arbitrariedades del poder, responsabilidad de los funcionarios públicos, libertad de prensa y jurado popular. El autor de estas propuestas fue Manuel Crescencio Rejón, destacado liberal federalista, que combatió el militarismo y a los conservadores.

En medio de la lucha federalista, Gómez Farías llegó a apoderarse de Palacio Nacional, pero fue derrotado por Santa Anna y salió nuevamente al exilio. En este marco, el que había sido federalista yucateco, José María Gutiérrez Estrada, publicó en 1840 una carta en pro del establecimiento de una monarquía como única solución para lograr la estabilidad política del país. La carta de José María Gutiérrez de Estrada al entonces presidente, Anastasio Bustamante, en 1840 señala:

> Disértese cuanto se quiera sobre las ventajas de la república donde pueda establecerse, y nadie las proclamará más cordialmente que yo; ni tampoco lamentará con más sinceridad que México no pueda ser por ahora, este país privilegiado. Pero la triste experiencia de lo que ese sistema ha sido para nosotros parece que nos autoriza ya a hacer en nuestra patria un ensayo de verdadera monarquía en la persona de un príncipe extranjero.[24]

La monarquía, de acuerdo con Gutiérrez de Estrada, debía establecerse con un «monarca de verdad», miembro de una casa dinástica europea. La carta causó escándalo y fue recogida por el gobierno. Gutiérrez de Estrada partió a Europa para hacer realidad su propuesta. Primero tocó las puertas de la monarquía española. Debido a que esta no tenía la fuerza para ejecutar el proyecto, acabó poniéndose en manos de Napoleón III, como veremos más adelante.

Desde el Imperio de Napoleón I, el canciller Maurice de Talleyrand había señalado que Francia debía intervenir en América para poner un freno a Estados Unidos, que amenazaba con convertirse en una potencia y apoderarse del continente, acabando con la hegemonía francesa en el mundo. Tal proyecto no se concretó porque Napoleón I cayó tras el establecimiento de la Cuádruple Alianza (Austria, Prusia, Rusia e Inglaterra) y seis coaliciones en su contra. Vendió Luisiana a Estados Unidos, con lo que este país duplicó su territorio.

Posteriormente, Luis Felipe de Orleans no tuvo la fuerza para llevar a cabo la empresa propuesta por Talleyrand, la que retomará Napoleón III. Luis Napoleón había intentado tomar el poder, sublevándose en Boulogne, justo después de que los restos de su tío se llevaron de Santa Elena para depositarse en el monumento de Los Inválidos. Entonces no lo logró y fue condenado a cadena perpetua en la prisión de Ham, de donde salió en 1846, para convertirse en el primer presidente de la Segunda República y después en emperador.

En todos estos años Juárez prosiguió su carrera en el Poder Judicial local como secretario interior del Tribunal Superior de Justicia del Departamento de Oaxaca (1838), ya que los estados se convirtieron en departamentos con la Constitución centralista. Después fue designado ministro suplente (1839 y 1840). Y en 1841 fue nombrado juez de primera instancia de lo civil en Oaxaca.

En 1840 pronunció el discurso del 16 de septiembre, haciendo un reconocimiento a Hidalgo, de quien dijo: «enseñó a los reyes que su poder es nada cuando gobiernan contra la voluntad de los pueblos».[25]

Tema de gran importancia para Oaxaca, para el país y para Juárez cuando fue presidente fue el paso por el Istmo de

Tehuantepec. Desde la conquista española, Carlos V había instruido a Cortés para que buscara un paso que comunicara los dos océanos. Fue una de las causas de su viaje a las Hibueras. Cuando reportó que no existía paso alguno, el emperador desconfió de la información y envió a una comisión exploradora que llegó a la misma conclusión. Felipe II desistió de hacer tal comunicación, señalando que el hombre no debía separar lo que Dios había Unido. No obstante, hubo diversos proyectos para hacer un paso interoceánico.

El científico alemán Alejandro von Humboldt estudió los nueve pasos posibles en el continente para comunicar los océanos. Concluyó que los tres más viables eran el Darién (Panamá), Nicaragua y Tehuantepec. Descartó el Darién por el desnivel entre los dos océanos, que hacía necesario el sistema de exclusas; además, destacó la falta de agua para las exclusas. También desechó a Nicaragua por ser un nudo de volcanes. En cambio, en Tehuantepec no había desnivel entre los océanos y era el punto más septentrional, donde se ubicaba el mayor flujo comercial. Pronosticó que el país que tuviera el control sobre el paso interoceánico sería el centro del comercio mundial.

Santa Anna fue consciente de la importancia de establecer la comunicación entre los dos océanos. Señaló que esa sola obra engrandecería a la nación. En 1842 otorgó la concesión para hacer la obra a su compadre José de Garay. Después veremos que Garay no pudo hacer la obra y el sinfín de vicisitudes por las que atravesó la concesión hasta el gobierno de Juárez.

Ese año de 1842 se había reunido un Congreso con mayoría federalista, pero fue disuelto antes de que pudieran restablecer la Constitución de 1824. Santa Anna regresó al poder y un Congreso centralista hizo la segunda Constitución unitaria, que suprimió el Supremo Poder Conservador de la de 1836. Con el nombre de Bases de la Organización Política de la República Mexicana, fue promulgada en 1843, favoreciendo a los grupos conservadores, clero y ejército.

En julio de 1843, Juárez contrajo matrimonio con Margarita Maza Parada. Era veinte años mayor que ella, como solía acostumbrarse en la época. Se casó en la Iglesia de San Felipe Neri en

Oaxaca. Juárez era creyente y observó las costumbres religiosas. Ya había tenido una pareja previa, Rosa Chagoya, con la que no se casó, pero con la que procreó dos hijos: un niño y una niña. El hombre se llamó Tereso y murió combatiendo a los franceses, y la niña, Susana. Ella nació con afectaciones en su desarrollo cerebral cuando su madre murió en el parto. Cabe destacar que su padre siempre la cuidó, y de hecho fue incluida en su testamento.

Como se recordará, cuando Benito se trasladó de Guelatao a la ciudad de Oaxaca a los 13 años, había llegado a la casa de los Maza, familia acomodada, donde su hermana era cocinera. A don Antonio Maza le decían gachupín, aunque también tenía ascendencia italiana. En el bicentenario del natalicio de Juárez hubo voces clasistas y racistas que explicaron el matrimonio entre un indio zapoteca y una criolla de clase alta, porque Margarita era hija adoptiva. Si leemos la correspondencia de Margarita con su hermano, que no era adoptivo, vemos que la familia no hacía ningún tipo de distingo. Si leemos la correspondencia de la pareja, nos percatamos de que difícilmente podremos encontrar otra tan bien avenida, que se identificó y quiso tan entrañablemente.

Cuando Juárez se casó con Margarita era un prominente abogado con una exitosa carrera, tanto como regidor como en el Poder Judicial. Cabe destacar este punto, ya que no faltó quien afirmara en el bicentenario que había tenido altos cargos públicos gracias a haberse casado con una Maza.

El año que Juárez se casó con Margarita fue nombrado vocal suplente de la Asamblea Departamental, y al inicio de 1844 se convirtió en el secretario de Gobierno del Estado y después en fiscal del Tribunal Superior de Justicia. En ese año nació su primera hija con Margarita; recibió el nombre de Manuela. La pareja procreó 12 hijos, como era usual entre las familias de la época, que tenían un hijo por año. Fueron nueve mujeres y tres hombres. Cuatro de ellos —tres mujeres y un varón— murieron a temprana edad y uno a los 7 años.

No ha faltado quien critique que Juárez fuera secretario de Gobierno del general Antonio León, de quien ya hemos hablado y quien mantuvo relación con Santa Anna. Justo Sierra justifica el hecho señalando que a Juárez le interesaba la vida pública y que en ese tiempo a muchos liberales les tocó trabajar en gobiernos conservadores, y viceversa. O a federalistas con centralistas.

Mientras Juárez seguía ascendiendo en sus cargos públicos y experiencia como hombre de Estado, el país se seguía debatiendo entre federalismo y centralismo, liberalismo y conservadurismo, republicanismo y monarquismo.

Sería muy largo dar la serie de nombres de todos los personajes que entraron y salieron de la presidencia, pero un nombre se repite: Santa Anna, el más amado y también el más odiado. Cabe destacar que, en una de sus salidas de la presidencia en 1844, la muchedumbre derribó su estatua, desenterró su pierna y la arrastró por las calles de la ciudad.

De 1843 a 1846, Santa Anna ocupó la presidencia en tres ocasiones: 1843, 1844 y de 1846 a 1847. Siete personas más pasaron por la presidencia, de los cuales dos repitieron; o sea que hubo una docena de cambios en la presidencia, en calidad de presidentes constitucionales, sustitutos e interinos, mayoritariamente generales, con excepciones como Valentín Gómez Farías, que fue médico.[26]

En ese marco de inestabilidad política en México, llegó a la presidencia de Estados Unidos el demócrata James K. Polk. Uno de sus lemas de campaña fue la expansión territorial. Nuestro país no había reconocido la independencia de Texas y Estados Unidos lo anexó en 1845, lo que causó que México rompiera relaciones. De inmediato se inició el conflicto por los límites. El gobierno estadounidense quería extenderse hasta el Río Bravo, cuando el límite de Texas era el Río de las Nueces. Esta división consta en el mapa del Tratado Adams-Onís con España, que se firmó cuando Estados Unidos adquirió las Floridas y que se encuentra en el Archivo General de la Nación de México.

Desde que México se independizó y recibió al primer representante de Estados Unidos, Joel Robert Poinsett, este vino con el propósito de comprar territorio. Todos los embajadores hicieron propuestas para adquirir Texas y Baja California. No comprendían por qué México se oponía a vender un territorio prácticamente deshabitado, pues la venta le habría permitido salir de la bancarrota. El pragmatismo yanqui se enfrentó al idealismo mexicano. Eran dos visiones distintas del mundo. Los estadounidenses consideraban que debía haber una frontera natural grande como el Río Bravo, y no pequeña como el Río de las Nueces, entre dos países tan distintos.

En enero de 1846, Polk ordenó al general Zacarías Taylor ocupar la franja en disputa entre los dos ríos. La guarnición local se defendió de la invasión y murieron 11 soldados estadounidenses. Este hecho fue utilizado por Polk para que el Congreso le autorizara recursos para invadir a México y «lavar la sangre norteamericana derramada en su suelo norteamericano». El presidente de Estados Unidos mintió, como reconocieron posteriormente Abraham Lincoln y el propio general Taylor, que recibió la orden de pasar al territorio en disputa.

Polk desató el fervor patriótico contra los mexicanos, aun cuando los mexicanos habían sido los agredidos y habían actuado en legítima defensa. Ante la invasión del territorio y bloqueo de puertos, se llamó a Santa Anna a ocupar otra vez la presidencia. Estados Unidos declaró oficialmente la guerra a México. Taylor tomó Matamoros, Monterrey y Saltillo. Por otra parte, tropas estadounidenses ocuparon California y Nuevo México, y bloquearon Veracruz. En esta situación, el gobierno estadounidense propuso negociar la paz mediante la cesión de los territorios ocupados, y el gobierno mexicano no aceptó.

En 1846 Juárez fue electo diputado federal. Formó parte de la legislatura que restableció la Constitución Federal de 1824 con reformas. Se suprimió la vicepresidencia, que tantos problemas había causado, y se incorporó el juicio de amparo creado por Crescencio Rejón en Yucatán. Mariano Otero promovió su incorporación en el texto constitucional.

Los diputados se apresuraron a proclamar el Acta de reformas para que el país contara con un marco jurídico ante la invasión estadounidense. Posteriormente, Otero fue uno de los legisladores que votó en contra de la firma del tratado de paz con Estados Unidos.

Santa Anna volvió a ocupar la presidencia por quinta ocasión. Dejó al vicepresidente en el gobierno - nuevamente Valentín Gómez Farías - y salió a comandar el ejército, que era lo que le gustaba hacer. El vicepresidente decretó un préstamo forzoso a

Benito Juárez. El hombre y el símbolo • 43

la Iglesia por 15 millones de pesos para tener recursos para la guerra. Juárez apoyó en la Cámara la acción de Gómez Farías. En este grave contexto para la soberanía nacional, en la Ciudad de México, jóvenes conservadores de la clase alta se rebelaron contra el gobierno y defendieron a los miembros del clero al grito de «muerte a Gómez Farías, mueran los puros». Este hecho se conoció como la *Rebelión de los Polkos*, porque con su actuación favorecían los intereses de Polk y porque bailaban polka.

Si bien José María Luis Mora había intentado crear el Partido del Progreso para oponerse al Partido Conservador encabezado por Lucas Alamán, como mencionamos, cuando Santa Anna derogó las leyes reformistas, Mora se exilió en Inglaterra y nunca regresó al país, por lo que el Partido del Progreso no prosperó. Las logias siguieron haciendo las veces de partidos políticos.

En 1847 Juárez ingresó a la masonería en el Rito Nacional Mexicano, que se habían creado para dirimir los conflictos entre la logia escocesa y la yorkina. Eligió el pseudónimo de Guillermo Tell, héroe suizo del siglo xiv que se negó a rendirse ante los Habsburgo. Juárez lo había citado en un discurso en Oaxaca en 1840 como el hombre que se negó a aceptar la tiranía. Tal pseudónimo resultó premonitorio, ya que Juárez derrotaría justamente a un Habsburgo.

La Iglesia católica condenó la masonería por estar fuera de su control, y ello radicalizó su anticlericalismo. Los masones eran defensores de la libertad de conciencia, de la razón, la tolerancia y la igualdad frente a la ley.

A finales de 1847, en plena guerra con Estados Unidos, Juárez pasó a ocupar el cargo de gobernador interino de Oaxaca. En su discurso de toma de posesión ante el Congreso, destacó su calidad de hombre de derecho, señaló que un gobernante «no debe tener más bandera que la ley», distinguir el mérito para recompensarlo y el crimen para su castigo. Manifestó su respeto por el libre pensamiento y ofreció aplicar todo el rigor de la ley a quienes perturbaron la paz.

La entidad oaxaqueña envió un contingente para defender el país frente a la invasión estadounidense. Estuvo al mando Antonio de León, quien —como se señaló— murió en combate en la batalla de Molino del Rey. Cabe destacar que algunas entidades no enviaron ningún hombre ni peso alguno para la defensa del país. Incluso hubo quienes pensaron en anexarse al vecino del norte, como Yucatán.

La península yucateca se encontraba enfrascada en la mal llamada *guerra de castas*, levantamiento de los mayas en contra de los criollos a causa de la explotación de que eran víctimas, y no por razones raciales. Debido a que no recibieron ayuda del gobierno central, la oligarquía yucateca pidió ayuda al gobierno estadounidense. No había cohesión nacional, las oligarquías estatales veían muy lejanos los territorios que el ejército invasor ocupaba.

Santa Anna logró detener el avance de Taylor en la Angostura, cerca de Saltillo. Sin embargo, por falta de víveres y municiones, tuvo que retroceder y el camino quedó libre para el ejército invasor. Se ha afirmado que retrocedió para dejarles el paso libre a los estadounidenses, porque ellos lo habían sobornado. No obstante, viendo los partes militares, el ejército no estaba preparado para perseguir al enemigo y sacarlo del país, no contaba con el equipo militar necesario, ni siquiera con ropa y alimentos. El país carecía de las condiciones para ganar una guerra tan desigual, sin recursos, equipo, disciplina militar, ni armamento.

El presidente Polk envió otro ejército al mando de Winfield Scott a Veracruz, para que fuera él quien tomara la Ciudad de México y no Taylor, esto por razones de la política interna de Estados Unidos. Como se verá, Taylor acabó siendo presidente de Estados Unidos.

Antes de entrar a la capital de la República, el gobierno estadounidense ofreció nuevamente un armisticio a cambio de la cesión de Texas, Alta California y Nuevo México, más el derecho de tránsito por Tehuantepec. Su propuesta fue rechazada. El ejército norteamericano tomó Chapultepec y entró en la Ciudad de México. La bandera de las barras y de las estrellas estuvo izada en Palacio Nacional desde septiembre de 1847 hasta febrero de 1848, cuando se firmó el tratado de paz. Nuestro país perdió más de la mitad de su territorio en una injusta guerra de conquista territorial. Así lo reconoció el propio representante de Estados

Unidos en las negociaciones, Nicholas Trist, en correspondencia personal con su esposa.

Santa Anna había abandonado la capital a su suerte antes de que llegaran los estadounidenses y renunció a la presidencia. Pretendió entrar al territorio oaxaqueño, y Juárez, que era gobernador interino, se lo impidió en enero de 1848. Santa Anna refirió que hizo tal cosa porque le había servido la mesa y por ese complejo social no lo dejó pasar. La explicación de Juárez es totalmente distinta. Consideraba que Santa Anna iba a acabar con la estabilidad política que había en su estado:

> la noticia que se recibió el día 24 de enero de haber entrado los invasores en Tehuacán y de la llegada del general [Antonio López de] Santa Anna a Teotitlán del Camino, produjo una alarma general y justa, porque el Estado, a la vez que iba a sufrir los estragos de la guerra extranjera, se veía próximo a ser destrozado por la guerra civil [...]
>
> El cuerpo legislativo y el excelentísimo ayuntamiento de esta ciudad excitaron al gobierno para que evitase a todo trance la entrada del general Santa Anna en esta ciudad, que indudablemente iba a causar un motín que hubiera distraído la atención del gobierno en los momentos angustiados en que debía dedicarla toda a la defensa del Estado.[27]

Santa Anna se vengó de Juárez cuando volvió al poder, como veremos más adelante. En ese momento, en 1848, salió al exilio, a Jamaica y después se fue a Turbaco, Colombia, en 1850.

Juárez fue designado gobernador constitucional de Oaxaca. En su discurso ante el Congreso señaló que combatiría la miseria para que el pueblo pudiera satisfacer el deseo innato del saber. En su gobierno hizo importantes obras públicas: caminos y escuelas normales, el levantamiento de la carta geográfica del estado y el plano de la ciudad de Oaxaca; organizó la Guardia Nacional y reconstruyó el Palacio de Gobierno; fundó la casa de la moneda e incentivó la minería. Además, promovió la elección directa del gobernador de Estado. No obstante haber recibido el gobierno en bancarrota, dejó el erario del Estado en superávit.

Fue gobernador en cinco ocasiones y se le consideró el mejor gobernador de su estado. Buscó establecer el orden público y el progreso económico y social de la población mediante la educación. Aumentó las escuelas de 475 a 525 y fomentó la educación de la mujer.

La inestabilidad se agravó en el país al término de la guerra. Hubo levantamientos armados acusando al Gobierno del presidente Manuel de la Peña y Peña de traición a la patria por haber firmado la paz con Estados Unidos, en Aguascalientes y en Guanajuato.

En el Congreso, cuatro diputados votaron en contra de la firma del tratado de paz con Estados Unidos: Mariano Otero y Bernardo Flores de Jalisco, Manuel Robledo del Estado de México y Ramón Morales de Sonora.

Valentín Gómez Farías también se opuso a firmar la paz, señalando que:

> Tanta debilidad nos presentaría a la faz del mundo como un pueblo indigno de figurar en la gran familia de las naciones, y alentaría a nuestro conquistador para volver dentro de pocos años, ya no por otra facción de nuestros terrenos fronterizos, sino por lo demás de nuestro territorio, tratándonos en lo sucesivo, como a las tribus bárbaras que han logrado exterminar.[28]

Melchor Ocampo, gobernador de Michoacán, había propuesto que se organizara un sistema de guerra de guerrillas, que no se firmara la paz y que así el ejército invasor acabaría por irse derrotado. Sin embargo, el gobierno temió que el país desapareciera. De hecho, hubo el grito de «*All Mexico*» en Estados Unidos, y si no se concretó fue por razones racistas: querían el territorio que estuviera menos poblado, pues consideraban que la mezcla de razas que se había dado en nuestro país era degradante. Además, la población había estado formada por la «corrupta Iglesia de Roma». Por ello no prosperó el «*All Mexico*».

El gobierno mexicano, en voz de su presidente Manuel de la Peña y el canciller Luis de la Rosa, consideró que la firma del tratado de paz equivalía a «recuperar los restos de un naufragio».

En este contexto, Abraham Lincoln declaró:

> Algunos [...] señores [...] de la Cámara [...] han [...] declarado que la guerra [iniciada por el presidente contra] México era innecesaria e inconstitucional [...] Yo soy uno de los que se sumaron a [este] voto [...]
>
> Cuando comenzó la guerra, mi opinión, [como la de otros...,] no podía en conciencia aprobar la conducta del Presidente, sin embargo, debía[mos], como buenos ciudadanos y patriotas, permanecer en silencio sobre este punto, al menos hasta que terminara la guerra.
>
> [...] El Presidente [declaró] que... las hostilidades fueron iniciadas por México [...] y en la que se derramó la primera sangre de la guerra, era nuestra [tierra].
>
> México, incluyendo Texas, [hizo la revolución de Independencia] contra España, y más tarde, Texas, se separó de México. En mi opinión, en la guerra y en la obtención, voluntaria o involuntaria, de las personas [de Texas], el territorio era suyo.[29]

Ocampo renunció a la gubernatura de Michoacán porque su propuesta no tuvo apoyo tampoco en su estado. Sin embargo, su propuesta de resistir mediante una guerra de guerrillas sería la que se aplicaría contra la Intervención Francesa, y gracias a ella se logró el triunfo.

No obstante haber quitado a México más de la mitad de su territorio, Polk no quedó satisfecho, pues había quedado pendiente apoderarse de la península de Baja California y del paso por Tehuantepec. Ello gracias a los negociadores. Los mexicanos Bernardo Couto, Miguel Atristain y Luis Gonzaga Cuevas, como el estadounidense Nicholas Trist, pusieron la línea divisoria entre los dos países de manera que la península no se convirtiera en una isla, separada de México. Por otra parte, la concesión para el paso por Tehuantepec que Santa Anna había otorgado a De Garay la había traspasado a los ingleses debido a que no logró obtener recursos para hacerlo. Trist trató de negociar con ellos, pero en ese momento la Corona británica no había decidido si haría o no el paso; por ello Tehuantepec quedó fuera del tratado Guadalupe-

Hidalgo, nombre con el que se conoce al tratado de paz con Estados Unidos.

Polk no se pudo reelegir, y en 1849 fue elegido presidente Zacarías Taylor. Un año después, Estados Unidos firmó el Tratado de Clayton–Bulwer con Gran Bretaña para compartir cualquier comunicación interoceánica que se hiciera, ya fuera por Panamá, Nicaragua o Tehuantepec. Como veremos más adelante, posteriormente Estados Unidos logró sacar del acuerdo con los ingleses a Tehuantepec y presionó a México para que aceptara otorgarle el paso.

Después de la guerra de conquista territorial que Estados Unidos infligió a México, el panorama del país era desolador. Si bien había nacido a la vida independiente en bancarrota, la crisis política y económica se había agravado. Una gran depresión embargaba a quienes, con fundamento, habían esperado un futuro glorioso para la nación, que debía ser la cabeza de América Latina. Basta leer los «Apuntes para la Guerra con Estados Unidos», escrito por un puñado de jóvenes que vivieron la mutilación de México,[30] para comprender la magnitud de su desolación:

> Estados Unidos, en acecho de las ocasiones favorables [...] hasta que puestos en el disparadero, tuvieron que arrojar la máscara y descubrir sin embozo los planes de su política audaz y dominadora [...] Para explicar, pues, en pocas palabras el verdadero origen de la guerra, bastaría decir que la ha ocasionado la ambición insaciable de Estados Unidos, favorecida por nuestra debilidad [...].[31]

A este escenario se sumaban los ataques de indios bárbaros en el norte y centro del país, filibusteros franceses y estadounidenses en Sonora y Campeche y las sequías en diversas partes del país.

En esos mismos años, en Francia había sido derrocado Luis Felipe de Orleans y se proclamó la segunda República. Luis Napoleón Bonaparte fue designado presidente. Después dio un golpe de Estado que quiso «legalizar» mediante un plebiscito, convirtiéndose más tarde en Napoleón III.

Entretanto, en Austria se restauró el absolutismo con Francisco José de Habsburgo. Al tiempo que los republicanos italianos ocuparon Roma y el papa Pío IX pudo regresar al barrio del Vaticano apoyado por tropas francesas. Y en Bruselas, Karl Marx y Friedrich Engels publicaron el *Manifiesto comunista*.

En Oaxaca, Juárez fue reelecto gobernador. En su exposición frente al Congreso reiteró que sostendría los derechos del pueblo y trabajaría para que salieran de la miseria y que se «abandonara la carrera del desorden».

Ese año, 1849, antes de cumplir 2 años, murió Guadalupe, una de las cinco hijas del matrimonio Juárez Maza. Era frecuente que las criaturas murieran antes de llegar a los tres años. Posteriormente, la familia perdió a otros hijos, uno de ellos ya de siete años, hecho muy doloroso para ambos, porque se consideraba que a esa edad ya se habían logrado.

En 1850 tuvo lugar un conflicto que derivó en tragedia en Juchitán, zona de Tehuantepec, causado por la utilización de las salinas que estaban bajo jurisdicción federal. Se dio un enfrentamiento y se suscitó un incendio que provocó varias muertes. El gobernador fue a dar cuenta pormenorizada de lo sucedido al Congreso estatal. Explicó el mecanismo del sistema federal y reiteró la necesidad de cumplir con la ley. Los juchitecas, testigos de los hechos, sabían que el incendio había sido accidental. Sin embargo, enemigos de Juárez afirmaron que se había cometido un crimen, difundiéndolo en periódicos panfletarios como *La Paloma* y *El Huracán*.

El gobierno federal, encabezado entonces por José Joaquín de Herrera, a través de su ministro José María Lacunza, le pidió cuentas de lo sucedido al gobernador. Lo primero que subrayó Juárez en su respuesta fue que, de acuerdo con el régimen federal vigente, el asunto era competencia de las autoridades del estado de Oaxaca, encargadas de las averiguaciones correspondientes y del castigo a los responsables.

A continuación explicó que el incendio fue causado por disparos cruzados entre el cabecilla de una banda de apellido Meléndez y las tropas que fueron a someterlo, a solicitud de las autoridades de Tehuantepec, ya que, desde el año 1848, se dedicaron al robo de salinas, ganado y al contrabando. Refirió que las autoridades de Tehuantepec habían hecho diversos llamados a que se acatara la ley, lo que no sucedió, y que los bandoleros mataron a un oficial y a varios soldados.

También comentó que él mismo había solicitado que los juchitecas pudieran explotar las salinas para mejorar su situación económica, pero que el gobierno federal lo había negado. Reiteró que lo sucedido fue una contingencia debida a que las casas de palma se incendian rápidamente y a que el viento propagó el fuego. Finalmente, este se pudo controlar y la mayor parte de la población se salvó. Hubo pocos muertos que lamentar en los hechos ocurridos el 19 de mayo de 1850.

Envió copias certificadas de todos los documentos probatorios de lo que dijo. Como buen abogado, tuvo siempre cuidado de preservar las pruebas documentales de los hechos.

Juárez concluyó su carta a Lacunza en los siguientes términos:

> V. E. ve que esto no tiene objeto político ni jamás lo ha tenido [...]
> convénzase V. E. y convenza al Excmo. señor Presidente de que
> este Gobierno no está revestido de un carácter atroz, bárbaro y
> sanguinario como se le quiere hacer aparecer, y que si es enérgico
> para castigar el crimen, nunca traspasa las leyes, y que si es benig-
> no para castigar el crimen, nunca traspasa las leyes, y que si es
> benigno con el criminal, jamás por consideraciones lo deja impu-
> ne [...] Puedo agregar otros muchos documentos en comprobación
> de cuanto llevo expuesto.[32]

Presentó a los legisladores locales un detalladísimo memorándum explicando paso a paso lo sucedido desde 1848 a 1850. Concluyó que semejantes hechos no quedarían en la impunidad.

En este período, una compañía estadounidense hizo estudios en el istmo de Tehuantepec para la posible construcción de un ferrocarril. Posteriormente, en 1855, lo construyó en Panamá.[33]

CAPÍTULO 3

EL LAICISMO DE BENITO JUÁREZ

*Los gobiernos civiles no deben tener religión,
porque siendo su deber proteger imparcialmente
la libertad que los gobernados tienen de seguir
y practicar la religión que gusten adoptar,
no llenarían fielmente este deber si fueran
sectarios de alguna.*

BENITO JUÁREZ, 10 DE ENERO DE 1856

Juárez había continuado con su actividad académica en el Instituto, impartiendo clases de Derecho Civil. Al término de su gestión como gobernador constitucional, en 1852, fue nombrado director del Instituto de Ciencias y Artes de Oaxaca.

En 1851, el general Mariano Arista llegó a la presidencia e integró un gabinete plural con liberales puros, moderados y conservadores. Ese año se agotaban los fondos de la indemnización que Estados Unidos dio a México al finalizar la guerra, 15 millones de pesos por 2 millones de kilómetros cuadrados. Las asonadas continuaron y partidarios de Santa Anna proclamaron el Plan del Hospicio contra el gobierno de Arista. El plan se conoce con ese nombre ya que se firmó en el hospicio de pobres de Guadalajara, con el objetivo de reformar la Constitución y traer de nueva cuenta a Santa Anna a gobernar. La asonada fue secundada en muchos estados y logró derrocar al gobierno. Salió Arista y en su lugar quedó el presidente de la Suprema Corte de Justicia de la Nación, Juan Bautista Ceballos.

En 1852, en discurso ante el Congreso, Juárez destacó que los funcionarios públicos no podían disponer de las rentas sin responsabilidad, ni gobernar por caprichos «sino con sujeción a las leyes». Destacó que la «larga serie de revueltas intestinas había dejado una serie de vacíos que no se podían extirpar en un solo día, pero que había que actuar con firmeza»;[34] esto en clara alusión a los levantamientos santanistas.

Santa Anna regresó de Turbaco, Colombia, donde se había convertido en un benefactor de la población: arregló la carretera, el centro del pueblo y construyó un mausoleo para ser enterrado en el lugar. Hoy día, los turbaqueños quieren hacerle un museo.

En 1853 inició el que sería el último gobierno santanista, quizás el más nefasto, no obstante su controvertida actuación en la guerra frente a Estados Unidos, donde se le acusó de favorecer el triunfo de los invasores, aunque esto no se haya podido comprobar. El también conocido como general del sainete regresó llamado por el Partido Conservador, encabezado por Lucas Alamán.

Como hemos comentado, Santa Anna fue un caudillo militar sin ideología. Originalmente, había sido un realista que combatió con eficacia a los insurgentes. Después fue trigarante, y a continuación antiiturbidista. Se alió lo mismo con centralistas que con federalistas, con conservadores que con liberales, con republicanos que con monarquistas. Le gustaba la aventura, ser el héroe en las batallas, tener el poder, pero no gobernar. Fungió como árbitro entre los grupos políticos.

La mejor descripción de él la hizo el propio Alamán. Afirmó que era incapaz de estar sentado en un escritorio trabajando en la administración del Estado. Sin embargo, era el que controlaba a la tropa. Por eso Alamán lo consideró un mal necesario. Alamán, sin duda el ideólogo más destacado del conservadurismo, después de la pérdida de la mitad del territorio a manos de Estados Unidos, se convenció de que la única forma de que México subsistiera como país independiente era estableciendo una monarquía aliada de las europeas, como había planteado Gutiérrez de Estrada desde 1840. Para ello era necesario pacificar al país y eso requería a quien controlaba el ejército.

De esta forma, Santa Anna volvió a ocupar la presidencia por enésima vez, como ya se dijo. Conformó su último gabinete con conservadores encabezados por Alamán, con Teodosio Lares,

Antonio Haro y Tamariz y José María Tornel, entre otros. Restableció el centralismo y aumentó considerablemente el número de efectivos del ejército. Emitió una represiva ley de imprenta, incrementó los impuestos, estableció una ley contra la vagancia y restableció la Compañía de Jesús.

Había transcurrido solo un par de meses de gobierno cuando murió Alamán, y Santa Anna quedó sin brújula. El ideólogo del conservadurismo había escrito sus ideas monárquicas en *El Universal*. Él planteó la necesidad de establecer una monarquía con un «monarca de verdad», proveniente de una dinastía europea. Muerto Alamán, Santa Anna y sus seguidores pensaron entronizarlo a él. Se le dio el tratamiento de alteza serenísima, se le otorgaron facultades extraordinarias para designar a su sucesor. El Plan de Zoquiapan, Jalisco, lo proclamó emperador. Santa Anna pensó en hacer un plebiscito, como había hecho Napoleón III, para convertirse en Antonio I, pero la Revolución de Ayutla se lo impidió.

Antes de que iniciara la revolución, en 1853 hubo un acontecimiento relevante para la historia nacional, que es necesario referir aquí. Ya se mencionó que Estados Unidos siguió presionando en la posguerra para extender su frontera más al sur y hacerse de más territorio mexicano. Querían la península de Baja California y el paso por Tehuantepec, pero además pretendían bajar la línea fronteriza hasta la mitad de los estados del norte del país. Tenían necesidad de comunicar a sus estados del este con los del oeste, y se les atravesaban las Rocallosas, por lo que requerían pasar al sur por territorio mexicano, para hacer su ferrocarril transcontinental.

La negociación fue ardua. No era lo mismo negociar con Estados Unidos antes de la guerra que después de ella. Hubo incluso movilización de tropas estadounidenses hacia la frontera.

Manuel Díez de Bonilla, miembro del partido conservador, llevó la negociación por parte de México, como secretario de Relaciones. Contra todo lo que se ha dicho de esta negociación, Díez de Bonilla defendió lo mejor que pudo los intereses nacionales, dio lo menos que se podía dar: el Valle de La Mesilla, para que pasara el ferrocarril transcontinental, y el paso por Tehuantepec, que Estados Unidos había buscado desde la guerra. En la precaria situación que se encontraba el país, se dio lo menos que se podía dar ante el temor de una nueva invasión.[35]

Se firmó el Tratado de La Mesilla, conocido como la Venta Gadsden, por el apellido del representante de Estados Unidos, James Gadsden. México vendió 100 mil km² del Valle de La Mesilla que pertenecía a los estados de Sonora y Chihuahua, y comprometió en el artículo VIII el paso por Tehuantepec, para el cual se haría un tratado específico. Todo ello a cambio de 7 millones de pesos; se pagarían 3 millones más al modificarse la línea divisoria. El tratado fue ratificado por los dos congresos y surtió efectos inmediatos con la pérdida de La Mesilla. Quedó pendiente el tratado sobre Tehuantepec, que reclamaría el gobierno de Estados Unidos en el siguiente gobierno. Este es el origen del llamado Tratado McLane-Ocampo, que nunca fue ratificado, como veremos en su momento.

Debido a estos hechos, quedó en el imaginario colectivo que Santa Anna había vendido la mitad del territorio nacional, pues se suma La Mesilla al territorio perdido en la guerra.

Como vimos, el caudillo militar se entronizó en el poder en el proceso de formación del Estado mexicano, ante el acoso internacional y la inestabilidad política. Para muchos se volvió indispensable y pensó en coronarse emperador como Iturbide. La Revolución de Ayutla lo evitó. Sus argumentos en contra de Santa Anna fueron que había vendido parte del territorio nacional y animado el proyecto monárquico.

Antes de que estallara la revolución, Santa Anna estaba gobernando sin Constitución y se dedicó a perseguir a los liberales. Los mandó a las tinajas de San Juan de Ulúa y de ahí al destierro. Fue el caso de Melchor Ocampo, que había sido gobernador de Michoacán y de Benito Juárez, gobernador de Oaxaca, entre otros.

Sin fundamento, Santa Anna acusó a Juárez de promover una supuesta guerra de castas, tal vez en alusión al movimiento separatista de Tehuantepec que Juárez había controlado. El general creó el territorio del istmo y encarceló a Juárez en San Juan de Ulúa, por alrededor de un mes (septiembre de 1853).

El santanista José María Cobos persiguió a la esposa de Juárez, Margarita, quien refirió en su correspondencia las penalidades que sufrió junto con sus cinco hijos. Escribió que, después de haber logrado escapar de los santanistas, podía enfrentar cualquier cosa.

En octubre, Juárez se embarcó rumbo a La Habana, y en diciembre se exilió en Nueva Orleans, donde permaneció 18 meses. Aquí se reunió con otros liberales también exiliados: Ocampo, Ponciano Arriaga y José María Mata. Margarita se quedó en Etla, en el estado de Oaxaca, trabajando no solo para sacar adelante a sus hijos, sino para mandarle recursos a Juárez, que vivía de enrollar tabaco. Margarita puso un estanquillo y vivía de vender pan. Los exiliados planearon acabar definitivamente con la dictadura santanista.

Ocampo era un hombre polifacético, con vocación científica, estudioso de la astronomía, botánica y mineralogía. Lo mismo había estudiado a los cometas que a las cactáceas; había inventado una vacuna para la rabia y un sistema de irrigación. Intelectual que leía las obras que se estaban publicando en Francia. Ideólogo del liberalismo con influencias del socialismo utópico, encabezó la Junta Revolucionaria de Brownsville para acabar con la era santanista. El objetivo era que el movimiento iniciara en el norte del país y de ahí avanzara hasta la Ciudad de México. Juárez entabló una estrecha amistad con Ocampo, formaron una magnífica mancuerna política.

La revolución estalló primero en el sur. En marzo de 1854 se proclamó el Plan contra Santa Anna en Ayutla de los Libres, apoyado por el cacique guerrerense Juan Álvarez. El levantamiento se suscitó porque Santa Anna quiso apropiarse de la aduana de Acapulco, cesando a Ignacio Comonfort, que la tenía a su cargo.

El plan de Ayutla fue proclamado por el coronel Florencio Villarreal, en la Hacienda La Providencia. Lo había redactado Ignacio Comonfort y Álvarez, quien se había opuesto al Plan Jalisco que llevó a Santa Anna nuevamente al poder. En el plan se desconoce al gobierno santanista, se convoca a un representante de cada estado para elegir a un presidente interino y para integrar a un congreso constituyente. Entretanto, se aplicaría el Código Ceballos para liberalizar el comercio y se suprimirían los pasaportes para transitar entre los estados.

Juárez convenció a los exiliados de no esperar al levantamiento del norte sino apoyar la revolución del sur, y se trasladó a Guerrero para apoyar a Álvarez. Juárez se convirtió en un asesor del movimiento.

Se adhirieron al plan todos los pueblos del sur de la Costa Chica y la Costa Grande, así como los de Michoacán. En el norte, Santiago Vidaurri lo secundó con el Plan Restaurador de la Libertad. Comonfort le hizo reformas al Plan de Ayutla[36] entre las que precisó el respeto a las garantías individuales, revisar las acciones del gobierno y garantizar el tránsito comercial.

Santa Anna combatió personalmente a los sublevados. Fracasó en su intento de derrotar a Comonfort, quien resistió en el fuerte de San Diego en Acapulco. Ante la fuerza del movimiento, Santa Anna renunció a la presidencia en Perote y salió del país.

La rapidez con que cundió el movimiento de Ayutla por el país mostró el hartazgo frente a la era santanista. Los principales argumentos que se esgrimieron para acabar con el gobierno de Santa Anna fueron la venta de territorio nacional y el monarquismo.

El movimiento ha recibido el nombre de *revolución* porque su triunfo llevó a una reforma estructural del Estado. Llegó al poder la tercera generación de liberales que se había crecido en la lucha, la generación más brillante del país en el siglo XIX y —me atrevo a afirmar— la que, por su nivel cultural, es la más brillante de la historia de México.

Juárez influyó para no negociar con los santanistas, que pretendían poner como presidente interino a Martín Carrera. Juan Álvarez fue nombrado presidente interino en octubre de 1855. Estableció su gobierno en Cuernavaca, adonde lo fue a reconocer el representante de Estados Unidos y lo siguió el cuerpo diplomático acreditado en el país.

Juárez quedó al frente del Ministerio de Justicia, Negocios Eclesiásticos e Instrucción Pública. Y de inmediato, el 23 de noviembre, emitió la Ley de Administración de Justicia y Orgánica de los Tribunales de la Nación, del Distrito y Territorios, conocida como Ley Juárez.

Fue una ley moderada, el primer paso para establecer la igualdad jurídica de los mexicanos. Suprimió la facultad de los tribunales eclesiásticos y militares para ventilar delitos de orden común. No obstante, su propio autor consideró que la ley era «incompleta e imperfecta»,[37] ya que no suprimió definitivamente a los tribunales especiales, eclesiásticos y militares, que «continuaron conociendo los delitos comunes de los individuos de su fuero». La meta de Juárez era suprimir la sociedad estamental de origen colonial, de fueros y privilegios del clero y del ejército, y crear una sociedad civil. Sin embargo, la Ley Juárez fue la chispa que encendió a la oposición; fue una revolución llamada modestamente *Reforma liberal*.

El clero protestó, exigió su derogación, ya que tocaba los derechos «sagrados» de la Iglesia. Juárez sostuvo una polémica epistolar con las autoridades eclesiásticas sobre la ley. El arzobispo Lázaro de la Garza señaló: «la renuncia que cualquiera individuo del clero haga del fuero, ya sea en lo civil, ya en lo criminal, es nula y de ningún valor, aun cuando lo jure; y que ya sea la renuncia de grado o por fuerza, sobre ser de ningún valor, quedará por lo mismo sujeto el que la haga, a las penas que la Iglesia impone a los contraventores, protestando, como protesto dicho artículo».[38]

Juárez le respondió que «en manera alguna toca puntos de religión», que su objetivo era «restablecer la igualdad de derechos, desnivelada por los soberanos». Pidió al arzobispo De la Garza que recordara el origen del fuero y el «acatamiento que debe a la autoridad suprema de la nación y a la ley». Le señaló que «las consecuencias del desobedecimiento de la ley serán de su exclusiva responsabilidad».[39]

El ministro de Justicia también sostuvo otro debate con el obispo de Michoacán, Clemente de Jesús Murguía, quien «se propone demostrar que la materia civil no es del resorte del Supremo Gobierno de la Nación, sin el acuerdo previo del Sumo Pontífice». Los jerarcas eclesiásticos consideraron que México era un Estado confesional que debía acatar la máxima autoridad de la Iglesia católica: el papa, quien, desde su perspectiva, estaba por encima del Estado.

Juárez le respondió que su deber era «cumplir y hacer cumplir la ley», por lo que «no puede acceder a la suspensión de la ley que solicita».[40]

Al grito de «Religión y Fueros», el cura de Zacapoaxtla, Puebla, Francisco Ortega, inició el levantamiento armado, secundado por los militares conservadores Luis Gonzaga Osollo, Francisco Güitrón y Juan Olloqui en diciembre de 1855.

Al inicio de diciembre, a solo dos meses de haber ocupado el poder, Álvarez decidió renunciar y regresar a sus tierras del sur, e Ignacio Comonfort ocupó la presidencia.

Para darle significado religioso, el 12 de diciembre, día de la Virgen de Guadalupe, los conservadores, apoyados por la Iglesia, lanzaron el Plan de Zacapoaxtla, desconociendo al gobierno emanado de la Revolución de Ayutla y exigiendo la vigencia de las Bases Orgánicas de 1843. El obispo de Puebla, Pelagio Antonio Labastida y Dávalos financió la rebelión armada, encabezada por Antonio Haro y Tamariz y el general Félix Zuluaga.

Comonfort era moderado, había abogado por la participación de eclesiásticos y militares en el gobierno de Álvarez, lo que causó la renuncia de Melchor Ocampo como ministro de Relaciones Exteriores, a solo 15 días de haber asumido el cargo. Ocampo consideró que la revolución estaba tomando el camino de las transacciones entregándole el poder a los enemigos. No obstante, ante la rebelión patrocinada por la Iglesia, Comonfort, en su calidad de presidente, decretó la intervención de los bienes del obispado de Puebla, que fue la primera en su género.

Fueron expulsados del país el obispo de Puebla y el clérigo Francisco J. Miranda, su brazo derecho. Labastida se fue a Roma y logró entablar una relación cercana con el papa Pío IX. Desde este momento y hasta junio de 1867, la Iglesia, los militares y los conservadores clericales estuvieron en pie de guerra contra la Reforma liberal, en defensa de sus privilegios. Cuando perdieron la guerra civil, recurrieron a la Intervención Francesa para establecer un Segundo Imperio.

En diciembre de 1855, Juárez dejó el Ministerio de Justicia, al ser designado gobernador de Oaxaca por cuarta ocasión. En ese entonces la costumbre era que el gobernador asistiera a un *Te Deum* después de tomar posesión. Como el clero estaba en contra de Juárez por haber promulgado la ley de administración de justicia contra sus fueros, planeó cerrar las puertas del templo para que el gobernador no entrara. Enterado el gobernador de semejante plan, decidió terminar con la costumbre de que las autoridades civiles asistieran a ceremonias religiosas con carácter oficial.[41] En sus memorias autobiográficas nos explica el porqué de su decisión y nos da la mejor definición de por qué los Estados deben ser laicos:

> omitir la asistencia al Te Deum, no por temor a los canónigos, sino por la convicción que tenía de que los gobernantes de la sociedad civil no deben asistir como tales a ninguna ceremonia eclesiástica, si bien como hombres pueden ir a los templos a practicar los actos de devoción que su religión les dicte.
>
> Los gobiernos civiles no deben tener religión, porque siendo su deber proteger imparcialmente la libertad que los gobernados tienen de seguir y practicar la religión que gusten adoptar, no llenarían fielmente este deber si fueran sectarios de alguna [...]
>
> Además, consideré que no debiendo ejercer ninguna función eclesiástica ni gobernar a nombre de la iglesia, sino del pueblo que me había elegido, mi autoridad quedaba íntegra y perfecta con solo la protesta que hice ante los representantes del estado de cumplir fielmente mi deber [...] desde entonces cesó en Oaxaca la mala costumbre de que las autoridades civiles asistiesen a las funciones eclesiásticas.[42]

En el clima existente en el país, en los prolegómenos de la guerra civil, Juárez manifestó a los oaxaqueños que nadie sería perseguido por sus ideas ni derramaría ni una lágrima por su causa. También advirtió que el gobierno conocía a las personas que trabajan por trastornar el orden público, que no se había tomado ninguna medida fuera de la justicia como se hacía en el gobierno anterior, ya que «la paz es la primera necesidad del pueblo» por lo que quería «alejar la guerra civil del Estado». No obstante, los previno de que no creyeran que no actuaría por debilidad y que, si persistían, procedería con toda energía.[43]

A continuación, reinstaló el Instituto de Ciencias y Artes, destacando que «La instrucción pública es el fundamento de la felicidad social, el principio en que descansa la libertad y el engrandecimiento de los pueblos» y concluyó que «los déspotas aborrecen la luz y la verdad».[44] Asimismo, en este período estableció el sufragio directo para elegir al gobernador del estado, reorganizó la Hacienda y la Administración de Justicia y promulgó el Código Criminal de Oaxaca.

En la capital de la república, en febrero de 1856, inició sus sesiones el Congreso Constituyente. Contó con representantes de todos los grupos políticos: liberales puros, como Ponciano Arriaga e Ignacio Ramírez; conservadores, como Mariano Arizcorreta y Marcelino Castañeda, y moderados, como Joaquín Cardoso y Pedro Escudero y Echánove.[45]

Entretanto, se promulgó un estatuto orgánico para regir al país, y también otras leyes reformistas. La Ley de Desamortización de los Bienes de las Corporaciones Eclesiásticas y Civiles, conocida con el nombre de su autor Miguel Lerdo de Tejada, que siguió la misma línea que la dictada por Gómez Farías en la primera reforma liberal. Melchor Ocampo estuvo en contra de esta ley; señaló que lo que procedía era la nacionalización y no la desamortización, porque los bienes del clero no eran producto del trabajo de los clérigos sino de donaciones del pueblo.

En abril, el Congreso aprobó tanto la Ley Juárez como la Ley Lerdo. La Ley Juárez fue muy debatida por el Congreso. Algunos diputados argumentaron que realmente le daba más ventajas que desventajas a la Iglesia, puesto que antes no se habían sancionado jurídicamente las facultades de los tribunales eclesiástico y militar, lo que a algunos constituyentes les parecía que era nocivo para la causa liberal. Quien dio la pauta para que se aprobara la Ley Juárez fue Ponciano Arriaga. Señaló que, aun cuando estaba de acuerdo en que era una ley incompleta y que le faltaba mucho para cumplir con las aspiraciones de reformar toda la estructura de la administración de justicia, era un primer paso había que aprobarla.

La Ley Juárez fue finalmente incorporada en la Constitución, así como las otras leyes reformistas: la Lerdo y la Ley Lafragua. Eran leyes moderadas, pero fueron el primer paso para la secularización del país, para avanzar hacia el establecimiento de un Estado laico y la supresión del Estado confesional, lo que significó una verdadera revolución cultural en un país donde se había establecido la intolerancia religiosa desde la conquista española.

La Ley Lerdo ha sido muy discutida ya que, además de secularizar los bienes de las corporaciones eclesiásticas, secularizaba también los civiles. Hay que señalar que en el artículo 8° de la Ley Lerdo original se evitaba que se secularizaran las tierras ejidales. Lamentablemente, este artículo no se incorporó en la Constitución de 1857, y ello llevó a que se pretendiera desposeer a comunidades indígenas de sus tierras al cobijo de esta norma, en un país donde nunca se habían cumplido las leyes. Tanto Comonfort como Juárez, cuando fue presidente, dieron leyes para evitar que estas comunidades indígenas fueran afectadas. Sin embargo, fue utilizada políticamente contra los liberales y contra Juárez, a pesar de que él no la había elaborado.

El papa Pío IX dedicó a la reforma liberal de México la alocución en el consistorio secreto del 15 de diciembre de 1856. Condenó las Leyes de Juárez y Lerdo, por tocar los «derechos sagrados» de la Iglesia, así como al proyecto de Constitución. Posteriormente, en el *Syllabus*, o índice de los errores de 1864, Pío IX condenó el liberalismo y el principio de soberanía nacional de los Estados.

Antes de que se concluyera la Constitución, José María Lafragua, ministro de Gobernación, emitió la Ley Orgánica del Registro Civil, para que hubiera oficinas del Estado para registrar a las personas, en donde no hubiera parroquias, ya que era la Iglesia la que hasta ese momento había llevado el control de la población mediante las actas de bautismo y de defunción.

El 30 de enero de 1857, el presidente Comonfort promulgó la Ley para el Establecimiento y uso de los Cementerios, que estableció que todas las defunciones debían ser registradas por las autoridades, ya fueran prefectos, subprefectos, alcaldes o jueces de paz de las poblaciones.

Como mencionamos páginas atrás, desde la conquista española se había establecido la alianza entre la Corona española y la Iglesia católica. Se firmó un concordato y el rey era el patrono de la institución eclesiástica en todos sus dominios. Se mezclaron los asuntos políticos y religiosos. Con la independencia de México, la Iglesia se independizó del Patronato. Además, del seno de la Iglesia surgieron tanto los líderes insurgentes como los contrarrevolucionarios.

El pontificado reconoció la independencia hasta 1836, pero no estuvo dispuesto a otorgarle el Patronato a los gobiernos mexicanos. Todas las constituciones del país desde la de 1814, el Estatuto Provisional del Imperio, la Constitución Federal de 1824 y sus reformas en 1847, así como las dos centralistas de 1836 y 1843, establecieron que la religión católica era la única sin tolerancia de ninguna otra religión, es decir un Estado confesional. Por tanto, la Iglesia incrementó su poder político, económico, social y cultural dentro de un Estado débil en proceso de construcción.

La Iglesia y el ejército fueron el *desiderátum* del poder. La cultura de la intolerancia ha sido muy difícil de superar. Cuando se presentó el proyecto de Constitución elaborado por la comisión presidida por Ponciano Arriaga, el artículo 15 proponía la libertad de cultos y el pleno del Congreso la rechazó por 65 votos en contra y 45 a favor. Ante este resultado adverso, Arriaga propuso que no se dejara al Estado en la indefensión frente a la poderosa institución eclesiástica y que se le facultara para legislar en materia religiosa. De forma sorprendente la propuesta fue aprobada.

Además, Arriaga convenció a la Comisión redactora de la Constitución, en la que logró que hubiera mayoría de liberales, entre ellos Ocampo, que, si bien no se había aprobado el establecimiento de la libertad de cultos, tampoco debía prohibirse. Por lo tanto, la Constitución de 1857 fue la primera que no estableció la intolerancia religiosa. A causa de estas dos razones —no establecer la religión católica como religión única sin tolerancia de ninguna otra religión y facultar al Estado para legislar en materia religiosa—, la Iglesia condenó la Constitución y sacó su arma más poderosa contra quienes la juraran, la excomunión *ipso facto*. Estos hechos fueron el detonante de la guerra civil.

El 5 de febrero de 1857 se promulgó la Constitución Federal de los Estados Unidos Mexicanos. Fue jurada por Dios frente a un crucifijo. Valentín Gómez Farías fue el primero en firmarla y declaró que era su testamento político. A diferencia de las Constituciones anteriores, esta estableció solo una Cámara, como se había hecho solo en 1814. Así, el Poder Legislativo era muy fuerte; además, suprimió el veto del jefe del Ejecutivo.

Esta Constitución marcó el triunfo definitivo del federalismo, pues desde ese entonces y hasta la fecha no se volverá a plantear el establecimiento de una República unitaria. Sin embargo, a causa de los movimientos armados que subsistieron después de la Intervención Francesa y la caída del Segundo Imperio, existirá de facto un federalismo centralizado, igual que sucederá en el siglo xx después de la Revolución Mexicana, como lo había planteado Mier en sus *Profecías*.

El 15 de marzo de 1857, el arzobispo de México, Lázaro de la Garza, declaró que los católicos no podían jurar la Constitución y dispuso que se negara la absolución a quienes, habiéndola jurado, no se retractaran públicamente.

Ezequiel Montes, a la sazón ministro de Relaciones, fue nombrado ministro plenipotenciario ante la Santa Sede y se trasladó a Roma a fin de arreglar las relaciones con la Iglesia, pero el papa no lo recibió.

El gobierno no se arredró; José María Iglesias, en su calidad de ministro de Justicia y Negocios Eclesiásticos, emitió el 11 de abril de 1857 la ley que suprimió la coacción civil para el pago de obvenciones parroquiales, diezmo y demás servicios religiosos. El pago sería voluntario para la población y no se exigiría a los pobres, con lo que se liberó a las clases menesterosas de esa carga. La ley consideraba pobres a todos los que no adquirieran por su trabajo personal más de la cantidad diaria indispensable para la subsistencia.

El gobierno continuó adelante con su política liberal y suprimió la Universidad Pontificia el 14 de septiembre de 1857, igual que se había hecho en 1833.

En junio de 1857 Juárez fue electo nuevamente gobernador constitucional de Oaxaca, en el que fue su último gobierno estatal. Al jurar la Constitución de 1857, señaló que con ella triunfaba la causa de la libertad protegida por Dios. En noviembre de ese año fue electo presidente de la Suprema Corte de Justicia de la Nación.

Conforme con la Constitución recién aprobada, la Corte estaba integrada por 11 ministros, que eran elegidos mediante sufragio indirecto en primer grado, igual que el presidente de la República. Y ellos mismos escogían a su presidente.

Como se recordará, en 1847, en las reformas que se hicieron a la Constitución de 1824 se había suprimido la figura de vicepresidente, que tantos derrocamientos de presidentes había causado, y se estableció que, si faltaba el jefe del Ejecutivo, el presidente de la Corte ocuparía su lugar. La Constitución de 1857 estableció la misma norma.

En diciembre de ese año, el general Félix Zuloaga lanzó el Plan de Tacubaya, desconociendo la Constitución, pero reconociendo al presidente Comonfort con facultades omnímodas para convocar a un nuevo Congreso Constituyente.

Como ya se mencionó, Comonfort era moderado. Había querido incluir en el gobierno emanado de la Revolución de Ayutla a los representantes del clero y del ejército. Ocampo lo impidió, convencido de que una revolución que transa es una revolución que pierde. Proclamada la Constitución, Comonfort fue designado presidente constitucional, y como mencionamos, Juárez, presidente de la Suprema Corte de Justicia de la Nación. Comonfort escribió a Juárez sobre sus objeciones a la Constitución, pues según él dejaba maniatado al Ejecutivo, sin veto ante un Legislativo unicameral, en vísperas de una guerra civil. Juárez se negó a secundarlo en el golpe de Estado.

Comonfort se adhirió al Plan de Tacubaya y desconoció la Constitución. El 17 de diciembre de 1857 mandó aprehender a Juárez en el Salón de Embajadores del Palacio Nacional, junto con el presidente del Congreso, que era Isidoro Olvera.

En enero de 1858, la situación dio un vuelco, Zuloaga desconoció a Comonfort, se apoderó de La Ciudadela y fue declarado presidente interino del gobierno paralelo que establecieron los conservadores, con el nombre de Supremo Gobierno.

Ante semejante situación, Comonfort dejó en libertad a los presidentes de la Corte y del Congreso, y se fue a Estados Unidos. En su calidad de presidente de la Suprema Corte, Juárez ocupó la presidencia del gobierno constitucional ese mes de enero de 1858, y declaró que defendería la legalidad de la Constitución. El Congreso le otorgó facultades extraordinarias.

De esta manera llegó a la presidencia un hombre que, a los 13 años, no hablaba español, y que ahora contaba con una sólida formación jurídica y experiencia en el gobierno municipal y estatal, en el Poder Judicial y en el Legislativo.

El país se escindió en la guerra civil más sangrienta después de la insurgente, que se continuará con la Intervención Francesa. Este período constituye el tiempo eje de México, cuando se define y consolida su Estado nacional, entendido como el Estado liberal de derecho.

El 16 de marzo de 1858, Juárez estableció el gobierno constitucional en Guanajuato, ya que los conservadores tenían ocupada la Ciudad de México. De ahí tuvo que trasladarse a Guadalajara, donde él y sus ministros fueron aprehendidos por el conservador Antonio Landa. Guillermo Prieto evitó que fueran ejecutados con la célebre frase «los valientes no asesinan».

El presidente Juárez agradeció el apoyo de la población de Guadalajara, afirmando:

> La democracia es el destino de la humanidad futura; la libertad su indestructible arma; la perfección posible, el fin donde se dirige [...]
> Perdamos o no batallas; perezcamos a la luz del combate o en las tinieblas del crimen los que defendemos tan santa causa, es invencible.[46]

Desde Guadalajara el presidente Juárez se trasladó hasta Veracruz vía Panamá, porque el territorio estaba tomado por los conservadores. Fue recibido por el gobernador, Manuel Gutiérrez Zamora. Margarita Maza también se trasladó al puerto con sus ocho hijos.

Juárez le comentó a Pedro Santacilia, amigo y confidente, que más adelante se convertiría en su yerno,[47] que el programa del partido del retroceso «es esclavizar al pueblo por medio de los soldados, para explotarlo en beneficio propio».[48]

Entretanto, Zuloaga, desde la capital de la República, derogó la Constitución de 1857 y todas las leyes reformistas. Todo el año 1858 fue de triunfos para los conservadores, contaban con el ejército y el financiamiento de la Iglesia. Luis Gonzaga Osollo, destacado general conservador, derrotó al ejército liberal al mando de Anastasio Parrodi en Salamanca y tomó Guadalajara. Otros militares conservadores que se destacaron en la guerra fueron Miguel Miramón, Leonardo Márquez y Tomás Mejía, entre otros. En cambio, los liberales tenían milicias de civiles en armas. Santos Degollado fue el jefe de los ejércitos de Oriente y Occidente, lo llamaron el General Derrotas, debido a las batallas perdidas en ese primer año de guerra.

A fines de 1858 el general Miguel María Echegaray desconoció a Zuloaga y proclamó presidente a Miramón. Como veremos, en el gobierno liberal también habrá divisiones en la lucha por el poder.

En 1859 se dio un equilibrio de fuerzas y los liberales empezaron a alcanzar algunos triunfos. El objetivo de los conservadores, encabezados por Miramón, era tomar Veracruz para acabar con el gobierno liberal. En marzo de 1859 fracasó en su primer intento. En abril de ese año, Leonardo Márquez ejecutó en Tacubaya a militares y civiles liberales, entre ellos al personal médico. El joven escritor Juan Díaz Covarrubias murió entre ellos. Se les conocerá como los Mártires de Tacubaya, y a su verdugo, como el Tigre de Tacubaya.

En medio de la guerra, el gobierno constitucional encabezado por Juárez decidió decretar en julio de 1859 las que hoy conocemos como Leyes de Reforma, que hay que diferenciar de las leyes reformistas anteriores a la Constitución de 1857. De ellas toma su nombre la guerra civil de tres años: la Guerra de Reforma. Si bien, más que una reforma, fue una revolución que cambió las estructuras del Estado, suprimiendo los atavismos coloniales. Estas leyes significaron una profunda reforma del Estado, se abolió el Estado confesional y se estableció un Estado laico.

Las leyes fueron precedidas por un *Manifiesto a la Nación*, suscrito el 7 de julio de 1859 por el presidente Juárez y sus ministros: Melchor Ocampo, de Fomento; Manuel Ruiz, de Negocios Eclesiásticos e Instrucción Pública, y Miguel Lerdo de Tejada, de Hacienda. En él, se explicó el porqué de las leyes:

> los principios liberales [...] no podrán arraigarse en la Nación, mientras que en su modo de ser social y administrativo se conserven los diversos elementos del despotismo.

En primer lugar, para poner término definitivo á esa guerra sangrienta y fratricida que de una parte del clero está fomentando hace tanto tiempo, en la Nación por solo conservar los intereses y prerrogativas que heredó del sistema colonial, abusando escandalosamente de la influencia que le dan las riquezas que ha tenido en sus manos, y del ejercicio de su sagrado ministerio, desarmar de una vez á esta clase de los elementos que sirven de apoyo á su funesto dominio, cree indispensable:

1. Adoptar [...] la más perfecta independencia entre los negocios del Estado y los [...] eclesiásticos.

2. Suprimir todas las corporaciones de regulares del sexo masculino.

3. Extinguir [...] las cofradías, archicofradías, hermandades, y [...] todas las corporaciones [...] de esta naturaleza.

4. Cerrar los noviciados en los conventos de monjas.

5. Declarar que han sido y son propiedades de la Nación todos los bienes que hoy administra el clero secular y regular [...] y enajenar dichos bienes.

6. Declarar [...] que la remuneración que dan los fieles a los sacerdotes [...], cuyo producto anual [...] basta para atender ampliamente el sostenimiento del culto y de sus ministros, es objeto de convenios libres entre unos y otros, sin que para nada intervenga en ellos la autoridad civil.

La instrucción es la primera base de la prosperidad de un pueblo, a la vez que el medio más seguro de hacer imposibles los abusos de poder.

La emisión de las ideas por la prensa debe ser tan libre, como es libre en el hombre la facultad de pensar.[49]

Después de decretar las Leyes de Reforma, el presidente escribió a Pedro Santacilia:

Lo más importante que contiene [el decreto], como verá usted, es la independencia absoluta del poder civil y la libertad religiosa. Para mí estos puntos eran los capitales que debían conquistarse en esta revolución y si logramos el triunfo nos quedará la satisfacción de haber hecho un bien a mi país y a la humanidad.[50]

A continuación, Juárez retiró a la representación mexicana de la Santa Sede. Ezequiel Montes regresó a México y no dejó los archivos al representante del gobierno conservador.

Juárez era católico como todos los liberales, con la excepción de Ignacio Ramírez, que había causado un escándalo con su discurso de ingreso a la Academia de Letrán, cenáculo de los intelectuales de la época, cuando en 1837 declaró: «Dios no existe: El hombre se sostiene por sí mismo».[51] Todos habían sido formados en la religión católica, pero eran anticlericales. Querían un Estado civil, soberano, independiente del ejército y de la Iglesia.

Las Leyes de Reforma fueron una serie de cuatro leyes y cuatro decretos que el presidente Juárez emitió con base en la Constitución de 1857 y que facultaba al Estado para legislar en materia religiosa y con las facultades extraordinarias que le había otorgado el Congreso.

A diferencia de la Ley Lerdo, que secularizaba los bienes de las corporaciones eclesiásticas, los bienes del clero se nacionalizaron. La Ley de Nacionalización de Bienes Eclesiásticos del 12 de julio de 1859 fue redactada por Manuel Ruiz con la finalidad de quitar al ejército conservador su fuente de financiamiento y su poder económico a la Iglesia. Posteriormente, Miguel Lerdo de Tejada buscó en Estados Unidos un préstamo dando en garantía los bienes nacionalizados del clero, sin llegar a obtenerlo.

La Ley del Matrimonio Civil, del 23 de julio de 1859, redactada por Melchor Ocampo estableció la separación de la Iglesia y el Estado, de los asuntos civiles y eclesiásticos, la supresión del Estado confesional y el establecimiento del Estado laico. El matrimonio se convirtió en un contrato civil.[52]

Respecto a la vida de las mujeres, es importante mencionar que el divorcio civil establecido en esta ley dio a la mujer la libertad de decidir dónde vivir, al suprimirse el depósito del divorcio eclesiástico. Si bien en el divorcio civil, al igual que en eclesiástico, no se disolvía el vínculo matrimonial y las divorciadas no se podían volver a casar, fue un avance importante que no fueran las autoridades eclesiásticas las que decidieran dónde era depositada la mujer, como si fuera una cosa. Por lo general eran recluidas en un convento o enviadas a la casa de familiares de su esposo, de quien quería huir muchas veces por malos tratos. Con el divorcio civil, la mujer divorciada pudo decidir dónde vivir. La epístola que escribió Ocampo con la mentalidad de la época se siguió repitiendo todo el siglo xx en las ceremonias matrimoniales.

José María Lafragua redactó la Ley Orgánica del Registro Civil del 31 de julio de 1859, que estableció el control del registro de los ciudadanos por parte del Estado, quitándolo de manos de la Iglesia. Esto en vez de que los miembros del clero llevaran el registro como asalariados del Estado, como se quiso hacer en 1833.

La última ley, sobre libertad de cultos, se dio hasta el final de la guerra, el 4 de diciembre de 1860, fue redactada por Juan Antonio de la Fuente. Hizo explícita la libertad de cultos que se encontraba implícita en la Constitución de 1857. Esta establece que se protegerá el ejercicio del culto católico y los demás que se establezcan en el país. Así quedó definitivamente suprimida la intolerancia religiosa establecida desde la conquista española con el propósito de imponer a la religión católica e impedir cualquier otra, incluida en todas las constituciones de México, desde 1814 y hasta que la eliminó la Constitución de 1857. Con esta ley se otorgó la mayor de todas las libertades, la de pensamiento.

Juárez se esperó a proclamarla hasta el triunfo de la guerra, para no darle elementos a la Iglesia para otorgarle a la contienda un carácter de guerra religiosa, que no tenía, satanizando a los liberales como perseguidores de la religión que todos profesaban. No obstante, el clero le dio el carácter de guerra de religión y acusó a los liberales de romper el lazo de la unión entre los mexicanos, que era el catolicismo. Sin aceptar que el lazo de unión entre los mexicanos es la nación. El problema era político, no religioso. Los monarquistas esgrimieron el mismo argumento para apoyar la Intervención Francesa: arguyeron que venía a salvar a la religión.

En cuanto a los decretos, el primero fue el de secularización de los cementerios del 31 de julio de 1859, con el que quedaron bajo la autoridad civil los cementerios, panteones, campos santos y bóvedas, antes en manos del clero. No se darían más situaciones como la de Valentín Gómez Farías, que tuvo que ser enterrado en el jardín de su casa, porque las autoridades religiosas no permitieron que se le enterrara en un «campo santo».

El decreto de días festivos y prohibición de asistencia oficial a actos religiosos, del 11 de agosto de 1859, respetó las festividades religiosas del pueblo. Solo incorporó la fiesta cívica de la Independencia nacional. Como se recordará, Juárez había suprimido la asistencia del gobernador al *Te Deum* al tomar posesión de su cargo.

Mediante el decreto para la secularización de hospitales del 2 de febrero de 1861, el gobierno tomó en sus manos el cuidado y dirección de estos establecimientos. Y el último decreto suprimió las corporaciones religiosas del 26 de febrero de 1863. Primero se habían suprimido de las corporaciones masculinas que estaban en pie de lucha contra el gobierno desde la Ley de Nacionalización de los Bienes del Clero.[53]

La supresión de las corporaciones religiosas femeninas se dio en dos partes. Primero se liberó a las novicias. Antes se había ejercido la coacción civil para regresar a los conventos a las monjas que se escapaban. Como se consideraba útil para la salvación de las almas de los padres tener hijos dedicados a la vida religiosa, era común que los padres decidieran que su primera hija fuera monja, por lo que eran recluidas en las llamadas Casas de Dios desde que eran niñas. Algunas se acostumbraban a esa vida. Otras no, y huían del convento. Cuando era gobernador, al propio Juárez le tocó regresar monjas al convento. Con el decreto de supresión de los noviciados, estas niñas y mujeres recuperaron su libertad. Además, se estableció que se les regresaría la dote que habían dado por ellas al ingresar en el convento. En 1859 no se exclaustró a las monjas profesas.

Hubo un segundo decreto durante la Intervención Francesa en 1863 en el que también se suprimieron las corporaciones de las religiosas que ya habían profesado, para convertir los conventos en hospitales. Solamente las Hermanas de la Caridad fueron eximidas del decreto, ya que se dedicaban al cuidado de los enfermos y heridos. Sus servicios eran indispensables en el estado de guerra que se encontraba el país.

En el mismo mes de julio, al expedirse las Leyes de Reforma, el episcopado mexicano reunido en la Ciudad de México publicó una manifestación, desconociendo a Juárez como presidente de la República y rechazando dichas leyes por considerarlas contrarias a los derechos y disciplina de la Iglesia.

Ese mismo año de 1859, los conservadores clericales pactaron la Intervención Francesa, José María Gutiérrez de Estrada se reunió con Napoleón III, como veremos más adelante.

No obstante, desde el puerto de Veracruz, el presidente Juárez escribió a Santacilia que consideraba moralmente imposible «que la reacción triunfe».[54]

Durante la guerra civil, Melchor Ocampo fue el brazo derecho del presidente. Se hizo cargo de los Ministerios de Relaciones Exteriores, Gobernación, Fomento y Guerra. Uno de los aciertos de Juárez fue saberse rodear de hombres inteligentes y preparados. Formó gabinetes con grandes personalidades. Además de Ocampo, colaboraron con él José María Iglesias, Manuel Ruiz, Juan Antonio de la Fuente, Francisco Zarco, Ignacio Ramírez, León Guzmán, Jesús Terán, Guillermo Prieto, Ignacio Zaragoza, José María Mata y Sebastián Lerdo de Tejada, entre otros miembros de esta generación brillante. Convocó a su gobierno incluso a quienes lo habían atacado. Era consciente de que, en el momento crítico que vivía el país, necesitaba de los mejores hombres para sacarlo adelante. Incluso su esposa le llegó a decir que era un confiado, porque creía en estas personas. No era ningún confiado, sabía que requería de todos.

CAPÍTULO 4

EN DEFENSA DE LA PATRIA

Las naciones tienen que luchar hasta salvarse o sucumbir cuando se intenta ponerlas fuera de la ley común y arrancárseles el derecho de existir por sí mismas y de regirse por voluntad propia.

BENITO JUÁREZ, 15 DE ABRIL DE 1862

En su labor de canciller, Ocampo llevó a cabo la difícil tarea de obtener el reconocimiento internacional del gobierno constitucional establecido en Veracruz, ya que todos los países que tenían relaciones con México habían reconocido al gobierno conservador, por hallarse en la capital del país.

Estados Unidos intentó que el gobierno conservador cumpliera con el tratado específico sobre el paso por Tehuantepec, compromiso contraído en el artículo VIII del Tratado de La Mesilla, lo cual fue rechazado. Además, en diciembre de 1858, siendo todavía Zuloaga presidente del gobierno conservador, se apropió de una conducta de plata de Estados Unidos. Fue entonces cuando el gobierno estadounidense envió a William Churchwell a Veracruz para explorar la situación en que se encontraba el gobierno liberal y constatar si tenía viabilidad.

Ocampo le recordó a Churchwell que, cuando triunfó la Revolución de Ayutla y Álvarez estableció su gobierno en Cuernavaca, el representante de Estados Unidos lo había ido a reconocer y le siguió todo el cuerpo diplomático acreditado, por lo que debían reconocer el gobierno constitucional, aunque estuvieran en Veracruz y no en la capital. Además, les hizo ver que cometían un error reconociendo a un gobierno que era opuesto a las ideas liberales del gobierno estadounidense.

En abril de 1859 Ocampo inició la difícil negociación para obtener el reconocimiento de Estados Unidos. Lo primero que le planteó el nuevo representante, Robert McLane, fue el cumplimiento del artículo VIII del Tratado de La Mesilla y la compra de territorio; querían al menos la península de Baja California. El ministro mexicano primero lo convenció de que el gobierno juarista no vendería ni un metro cuadrado del territorio nacional, porque justamente por eso, por vender La Mesilla, entre otras razones, habían derrocado al gobierno de Santa Anna.

Después, Ocampo le propuso un tratado de alianza militar. Cabe destacar que, por una carta interceptada por Santos Degollado en marzo de 1859, ya tenían conocimiento de que los conservadores, a través de José María Gutiérrez de Estrada, habían pactado la intervención de Napoleón III en México. Gracias a la intermediación del hijo del príncipe de Metternich, que era el embajador en Francia. En la carta interceptada, Gutiérrez de Estrada informaba al gobierno conservador que había logrado reunirse con Napoleón y que había logrado la seguridad de que el emperador de Francia intervendría en México.

Como se recordará, desde 1840, Gutiérrez de Estrada había afirmado que la salvación de México era establecer una monarquía con un príncipe europeo. El hecho fue confirmado por Andrés Oseguera,[55] amigo de Ocampo que vivía en París y que surtía su biblioteca,[56] quien desde entonces informó que se traería a un Habsburgo a gobernar y no a un borbón.

El gobierno estadounidense no aceptó la alianza militar y entonces Ocampo le propuso un tratado de tránsito y libre comercio, en vez de la venta de territorio.

A lo largo de la difícil negociación, McLane escribió que Juárez y Ocampo eran incorruptibles, muy diferentes al concepto que tenían de Santa Anna: aventurero corrupto o —como lo describió el representante de Estados Unidos, William M. Churchwell— sobornable.[57]

Al final del año, cansado de la negociación, McLane pidió vacaciones y regresó a Estados Unidos. Fue en Washington donde se hizo la versión final del tratado, entre McLane, el representante del gobierno de Juárez, que en ese momento era José María Mata y Miguel Lerdo de Tejada, que había ido a buscar un préstamo dando en garantía los bienes nacionalizados de la Iglesia. José María Mata escribió a Ocampo sobre cuáles productos mexicanos se incluyeron.

El gobierno conservador tenía también a un enviado en Washington, Gregorio Barandarian, que reportó que ya habían llegado a un acuerdo el gobierno estadounidense y el liberal, y para evitar que se reconociera al gobierno establecido en Veracruz, recomendó al gobierno conservador que otorgara el paso por Tehuantepec a Estados Unidos. Sin embargo, ya era demasiado tarde.

Después de ocho meses de negociaciones, en diciembre de 1859 se firmó el Tratado McLane-Ocampo. Es un tratado de tránsito y libre comercio: «Las dos Repúblicas convienen en proteger los caminos que existen o existieren en el futuro, además de garantizar la neutralidad de los mismos».[58]

Estados Unidos obtuvo el derecho de tránsito a perpetuidad —o sea, por tiempo indeterminado— a través del Istmo de Tehuantepec para ciudadanos, bienes y tropas, para la protección de sus nacionales en dicha zona, así como de Guaymas a Nogales y de Tamaulipas al Puerto de Mazatlán, vía Monterrey.

Se abrirían dos puertos de depósito, uno en cada océano, y México eximiría del pago de derechos a los efectos y mercancías norteamericanas que pasaran por el istmo y por los puertos de depósito. Los productos industriales o manufacturados de cualquiera de las dos Repúblicas quedarían libres de derechos (se anexó lista de productos). Se estableció que los ciudadanos norteamericanos podrían ejercer libremente su religión.

En compensación de las rentas a las que renunciaba México por el libre tránsito de mercancías, los Estados Unidos pagarían al gobierno de México la suma de 4 millones de pesos, pero retendría dos «para el pago de reclamaciones».[59]

Junto con el tratado se firmó una convención para conservar el «orden y la seguridad en los dos territorios».[60] En ella se estipulaba que:

Si el resguardo y seguridad de los ciudadanos de las dos repúblicas fueren arriesgados dentro del territorio de la otra y que el gobierno legítimo no pueda, por cualquier motivo, ejecutar tales estipulaciones o prevenir tal resguardo y seguridad, será obligación de aquel gobierno solicitar el socorro del otro para mantener la debida ejecución de ellas [...]

Si el desorden sucediere sobre la frontera de las dos repúblicas, las autoridades de ambas [...] más inmediatas al lugar donde el desorden exista, obrarán de acuerdo por el arresto y castigo de los criminales.[61]

La convención hizo las veces de la alianza militar que Ocampo había propuesto para enfrentar la Intervención Francesa. El Tratado McLane-Ocampo fue el resultado de la exigencia de Estados Unidos de cumplir con el artículo VIII del Tratado de La Mesilla, donde se estableció que se celebraría un tratado para el paso de mercancías y tropas por el Istmo de Tehuantepec. Se necesitaba el reconocimiento de Estados Unidos para poder enfrentar la Intervención Francesa.

El Tratado McLane–Ocampo fue resultado de la política imperialista norteamericana, síntesis de un largo proceso de presiones sobre los diversos gobiernos mexicanos y de la inestabilidad política de México. En medio de la crisis política que implicaba la posibilidad de que el gobierno liberal desapareciera, el gobierno juarista aceptó el que consideró el menor de los males. En vez de un tratado de cesión territorial, se cumplía con el artículo VIII del Tratado de La Mesilla con un Convenio de tránsito por Tehuantepec, y además se establecía el libre comercio entre los dos países desde 1859.

Cabe destacar que cuando los tratados internacionales se establecen a perpetuidad, esto no quiere decir que es irreversible, sino que no tiene tiempo fijo para su conclusión. De otra manera, el tratado habría implicado la pérdida de soberanía, como había ocurrido con la venta de dicho territorio. Juárez no habría aprobado la firma del proyecto del tratado si hubiera tenido dudas en cuanto a la pérdida de la soberanía nacional. También fue a perpetuidad el tratado del paso por Panamá, y hoy es de los panameños, no de los estadounidenses. De otra forma no se habría podido firmar el tratado Torrijos-Carter.

Ocampo firmó el tratado en Veracruz, pero este fue rechazado por el Senado de Estados Unidos debido a que incluía el libre comercio entre los dos países, según consta en la documentación correspondiente en Estados Unidos, que he tenido la oportunidad de revisar.

El proteccionismo imperó sobre el librecambismo, y por eso fue rechazado el Tratado McLane-Ocampo. Liberales de ambos países consideraban que el libre comercio desarrollaría la economía de ambas naciones, que se abaratarían los productos manufacturados y que se combatiría el contrabando. Sin embargo, tanto entre los legisladores estadounidenses del norte como entre los del sur, demócratas y republicanos, prevaleció el proteccionismo.

Cuando en mayo de 1860 el gobierno norteamericano planteó a Juárez volver a presentar el tratado al Senado, el presidente —como solía hacer— reunió a su gabinete para analizar la situación y escuchar los diferentes puntos de vista. Había un tema central a considerar: la amenaza de la intervención napoleónica subsistía.

En este contexto, en la reunión de ministros que analizó la pertinencia de volver a presentar el proyecto del Tratado McLane-Ocampo para su ratificación en el Senado de Estados Unidos, la opinión de Ocampo y de José María Mata fue que había que presentarlo, pues hacía las veces de un tratado de alianza militar para poder enfrentar al invicto ejército francés. Sin embargo, Juan Antonio de la Fuente opinó en contra de que se volviera a presentar.

Después de escuchar los argumentos de todos, el presidente les dijo que iba a reflexionar y les daría su decisión al día siguiente. Debió de ser una noche de insomnio. En la mañana el presidente decidió no volver a presentar el tratado para su ratificación, puesto que consideró que ya estaba ganándose la guerra y podrían salir adelante sin él.

El Tratado McLane-Ocampo nunca fue ratificado por ninguno de los dos países, es un tratado insubsistente. Sin embargo, desde entonces y hasta nuestro presente, ha sido utilizado para denostar a Juárez, afirmando que entregó el país a Estados Unidos.

Nada más lejos de la verdad. Recordemos que Ocampo se había opuesto a la firma del tratado de paz con Estados Unidos y que la guerra de guerrillas que propuso sería la que finalmente los llevaría al triunfo frente a la Intervención Francesa. Ocampo era consciente y así lo escribió: que Estados Unidos sería una potencia mundial y que, siendo nuestro vecino, debíamos tener buenas relaciones con él. Estaba convencido que esto sería posible si en México triunfaba la República liberal.

La tergiversación que se hizo en su momento de los hechos por razones políticas ha seguido repitiéndose hasta la saciedad. Juárez y Ocampo defendieron patrióticamente los derechos e intereses de la nación. Sin embargo, a los conservadores les vino muy bien el tema para minimizar el hecho de que ellos pactaron la entrega del país a Napoleón III, porque supuestamente los liberales lo habían entregado antes a Estados Unidos.

Algunos historiadores han comparado el Tratado McLane-Ocampo con el Tratado Mon-Almonte, señalando que ambos gobiernos buscaron alianzas en el extranjero. En el primer caso se permite el paso por Tehuantepec a Estados Unidos, cumpliendo con el compromiso que se había contraído en el Tratado de La Mesilla, que sí fue ratificado por ambos gobiernos; en el segundo, se pagaban indemnizaciones injustificadas al gobierno español.

Veamos cómo se dio el Tratado Mon-Almonte, que no tiene precedentes, como sí los tuvo el Tratado McLane-Ocampo. Durante el gobierno de Ignacio Comonfort habían sido asesinados hacendados españoles en San Dimas Durango y en San Vicente Chiconcuac, en el actual estado de Morelos, en 1856. El gobierno español reclamó al mexicano una indemnización por estos hechos. Este respondió que se comprometía a castigar a los responsables de los crímenes de acuerdo con la legislación vigente, pero que no estaba previsto en la ley indemnizar por estos hechos.

Posteriormente, cuando los conservadores establecieron su gobierno en la capital, en su búsqueda de alianzas internacionales, firmaron el tratado Mon-Almonte en septiembre de 1859, comprometiéndose a pagar las indemnizaciones requeridas, tres meses antes del Tratado McLane-Ocampo.

Cuando triunfó el gobierno constitucional en la Guerra de Reforma, desconoció dicho tratado que habría sentado un pésimo precedente para obligar al Estado mexicano a indemnizar a todo aquel extranjero que tuviera cualquier percance en el territorio nacional. Al respecto, Juárez declaró:

> Claramente se advierte que este convenio es humillante para nuestro país [...] Tampoco es decoroso para la nación permitir que, a la sombra de la buena fe de los tratados, sea adulterada su deuda ni que se trafique en su perjuicio con créditos que no pueden ser legalmente protegidos por aquellos.
>
> Deber es, por tanto, del gobierno legítimo, oponerse a que por la condescendencia interesada de un partido sin conciencia, se sancionen abusos que en caso alguno pueden ser amparados por la ley de las naciones. La responsabilidad de los gobiernos no puede fundarse sino en la denegación absoluta de justicia [...]
>
> Felizmente el tratado en cuestión no perjudicará los intereses de la república, ni cederá en menoscabo de su buen nombre, porque ha sido ajustado y ratificado por personas no autorizadas para tratar en nombre de México.
>
> México está en la mejor disposición para hacer a España estricta justicia, para concederle cuanto sea debido, para cumplir lealmente los tratados; pero quiere que esto sea conforme al derecho de gentes.[62]

En este sentido, en junio de 1860, el presidente Juárez escribió al ministro representante de España, Joaquín Pacheco, señalando que se haría justicia porque así lo obligaba la ley y no por sus amenazas:

> Puede usted descansar en la seguridad que le ofrezco [la de castigar a los culpables del asesinato de súbditos españoles en San Dimas y Chiconcuac] de que así se hará, porque a ello me obligan el deber y la conciencia, sin que sean causa de que yo obre así o deje de hacer justicia, las palabras amenazantes y las expresiones ofensivas e injuriosas que usted se permite usar en su carta y me abstengo de contestar, porque semejante tarea me colocaría en un terreno a que me prohíben descender la dignidad y el decoro del puesto que ocupo.[63]

En 1861, cuando los liberales triunfaron en la guerra civil, el representante de España fue expulsado del territorio nacional, igual que los otros representantes de países que habían reconocido al gobierno conservador. Después España participó en la Convención de Londres promovida por Napoleón III para encubrir su intervención en México.

En 1861, la guerra continuó, ahora con triunfos de los liberales. En marzo de ese año, Miramón hizo un segundo intento por tomar Veracruz. Esta vez planeó un ataque por tierra y por mar, con buques españoles contratados en Cuba, que el gobierno constitucional difícilmente habría podido resistir. El presidente Juárez declaró piratas a los barcos y fueron detenidos por una escuadra estadounidense en Antón Lizardo, gracias a que se habían establecido relaciones con el gobierno de Estados Unidos ahora encabezado por Abraham Lincoln. Ello impidió el ataque a Veracruz, en el que habría podido desaparecer el gobierno constitucional.

Después de este fracaso, Miramón contrató un préstamo de 7 millones con el banquero suizo Jean Baptiste Jecker, medio hermano de Napoleón III. El préstamo era ruinoso porque aceptó una deuda de 15 millones de pesos. También se apoderó de los recursos de la legación inglesa en la Ciudad de México, por lo que el gobierno británico rompió relaciones con el gobierno conservador. Finalmente, el 22 de diciembre, tuvo lugar la batalla de San Miguel Calpulalpan, en la que los liberales al mando de Jesús González Ortega salieron victoriosos y el gobierno constitucional pudo regresar a la capital. Se ha considerado que con la recuperación de la capital concluyó la guerra civil. Sin embargo, los conservadores siguieron en pie de lucha esperando que llegara la Intervención Francesa.

En enero de 1861, el presidente Juárez dio un manifiesto a la nación reconociendo los inmensos sacrificios de la guerra y exhortó a consolidar la paz:

> Sed tan grande en la paz como lo fuisteis en la guerra [...] que llevasteis a un término tan feliz y la república se salvará. Que se consolide, pasada la noche, esa reunión admirable con que los estados hicieron propicia la victoria.[64]

Señaló que su mayor galardón era que se hubiera dado las leyes en defensa de la patria:

> no existe ya en la tierra de Hidalgo y Morelos la oligarquía armada, ni la otra más temible del clero [...] Ni la libertad, ni el orden constitucional, ni el progreso, ni la paz, ni la independencia de la nación, hubieran sido posibles fuera de la Reforma.[65]

No obstante, 1861 fue un año muy difícil para el país. Ocampo llegó de avanzada a la ciudad antes de que regresara el presidente, como su hombre de confianza que era.

En su calidad de canciller, Ocampo se encargó de expulsar a los eclesiásticos y diplomáticos que habían reconocido y apoyado al gobierno conservador: el delegado apostólico Luigi Clementi; el arzobispo de México, José Lázaro de la Garza Ballesteros, y los embajadores de España, Guatemala y Ecuador. Los representantes de Francia, Gran Bretaña y Prusia reconocieron al gobierno constitucional.

Después de estas acciones, Ocampo presentó su renuncia, por considerar que el presidente debía cambiar a todo el gabinete a causa del desgaste sufrido durante la guerra. Se retiró a su Hacienda de Pomoca, en Michoacán, para seguir con sus investigaciones científicas.

Cuando el presidente Juárez recibió al representante de Inglaterra, George B. Mathew, le reiteró que la libertad civil y religiosa era una de las bases de las instituciones del gobierno mexicano:

> Es nuestro objeto cumplir y hacer cumplir la ley y hacer efectivas las garantías que tiene el hombre para pensar, hablar, escribir, adorar a Dios según su conciencia y ejercer sus demás facultades sin otro límite ni valladar que el derecho de otro hombre. Deseamos que la ilustración, las ciencias, las artes y el amor al trabajo que otros países poseen en alto grado se aclimaten en nuestro país y por eso abrimos nuestras puertas y damos hospitalidad al extranjero sin preguntarle quién es, de dónde viene, qué religión profesa ni cuál es su origen.[66]

Benito Juárez. El hombre y el símbolo • 83

Hay que recordar que en la primera etapa de vida independiente hubo diversos proyectos de colonización para poblar los extensos territorios del norte, que fracasaron precisamente por la intolerancia religiosa y al fin se perdieron a manos de Estados Unidos.

Otro de los temas que ha sido utilizado en contra de Juárez es su supuesto olvido de los indígenas. Se ha afirmado que no hizo nada para remediar su situación. Es otra afirmación falsa. No solo se preocupó por sacar de la marginación a las comunidades indígenas de su estado natal, fundamentalmente a través de darles acceso a la educación, haciendo más escuelas y mejorando la economía del estado, sino que se ocupó de acabar con la venta de indios mayas como esclavos a Cuba.

En mayo de 1861, Juárez prohibió la trata bajo pena de muerte:

> Artículo 1.- Se prohíbe la extracción para el extranjero de los indígenas de Yucatán, bajo cualquier título o denominación que sea.
> 2.- Los infractores del artículo anterior, serán castigados del modo siguiente: Los que conduzcan indígenas al extranjero y los que los faciliten, cualquiera que sean los medios de que se valgan, serán condenados a la pena de muerte, decomisándose las embarcaciones y demás vehículos de que se sirvan para aquel objeto; los que directa o indirectamente contribuyan a dicha extracción serán penados de uno a cinco años de presidio, según las circunstancias, doblándose la pena cuando los reos fueren autoridades o empleados públicos.[67]

En carta a Alphonse Dubois de Saligny, enviado extraordinario y ministro plenipotenciario de Francia, el gobierno constitucional explica que, dado que las relaciones con España se encuentran interrumpidas, le pide manifestar a España que debe observar los tratados vigentes. Se refiere concretamente al caso de los indios mayas que llevan como esclavos a Cuba:

> Presa de la anarquía aquel estado de la confederación y víctima de la guerra de castas más ha de 14 años, de día en día ha ido empeorando de situación, no solo por los ramos consiguientes a la guerra civil sino principalmente por el proceder inhumano de unos

cuantos extranjeros y yucatecos que especulan con la sangre de sus hermanos [...]

Con infracción del reglamento de 22 de marzo de 1854, vigente en la isla de Cuba y en abierta oposición con las leyes 18, título 13, libro 6.° de la Recopilación de Indias, la 11, título 2.° del citado libro y la 6.°, título 26, libro 4.° del mismo Código, se han estado contratando en Yucatán, por súbditos de su majestad católica, indígenas a quienes se les lleva a la isla de Cuba en virtud de pactos en que se estipula en realizar, de verdad, una perpetua servidumbre.[68]

Ese año de 1861 las gavillas conservadoras mataron a Melchor Ocampo, acontecimiento que va a ser motivo de consternación para el presidente Juárez y para el país. El intelectual que nunca había tomado un arma, su amigo y colaborador entrañable, fue secuestrado por una partida de conservadores al mando de Lindoro Cajiga. Ocampo fue asesinado y colgado de un árbol, el 3 de junio de 1861. Tal crimen intentó ser justificado en un panfleto como un acto de la «justicia divina» en contra de quien había sido coautor de las Leyes de Reforma y había firmado el Tratado McLane-Ocampo. El prócer tenía 47 años. El asesinato causó indignación, había un gran respeto por Ocampo, incluso entre los conservadores. Márquez primero trató de responsabilizar del hecho a Miramón, quien negó tener nada que ver en el asunto. Finalmente, Márquez señaló que había sido un error, que había dado la orden de que se ejecutara a otro liberal preso.

Al respecto, Juárez escribió que había hecho todo lo humanamente posible para disuadir a los conservadores de cometer atentados, que serían castigados con todo el rigor de la ley y concluyó: «los que sacrificaron a mi leal amigo, el señor Ocampo eran asesinos».[69]

Las muertes de destacados liberales a manos de gavillas conservadoras continuaron. Mataron a Santos Degollado al intentar vengar a Ocampo (15 de junio de 1861) y también a Leandro Valle (23 de junio de 1861).

En este triste escenario, el Congreso se reinstaló, y solo por tres votos de margen, Juárez fue declarado presidente constitucional. Como se recordará, había ocupado la presidencia como sustituto, tras el golpe de Estado de Comonfort, ya que, de acuerdo con la Constitución de 1857, en caso de faltar el jefe del Ejecutivo, el presidente de la Suprema Corte de Justicia ocuparía su lugar. Permaneció en el cargo durante toda la Guerra de Reforma. Al fin de esta, se debía designar al presidente constitucional y era tal la división existente entre los propios liberales que 51 legisladores votaron en contra y 54 a favor.

Incluso hubo una comisión de diputados que fue a pedirle al presidente que renunciara,[70] a lo que Juárez se negó. A pesar de la fortaleza que había demostrado durante la guerra y de haber mantenido la unidad en esos tiempos aciagos, llamando a todos a sumar filas en la defensa de la República y de la reforma liberal, incluso a quienes la habían atacado, había prejuicios en su contra, inclusive raciales. Sus enemigos lo llamaban con desprecio el indio Juárez. Los que votaron en contra querían que, al día siguiente de su entrada a la capital, se arreglara todo, y consideraban que Juárez no podía hacerlo. Jesús González Ortega ocupó la presidencia de la Corte y después le disputaría la presidencia a Juárez. Recuérdese que fue él quien derrotó a los conservadores en Calpulalpan.

La situación del país era crítica, además de las gavillas de conservadores en pie de guerra, la bancarrota del erario no permitía cubrir los gastos más elementales del gobierno. En estas condiciones, Juárez tomó la decisión de declarar una moratoria de pagos de la deuda externa por dos años:

> Artículo 1°- Desde la fecha de esta ley, el gobierno de la Unión percibirá todo el producto líquido de las rentas federales, deduciéndose tan solo los gastos de administración de las oficinas recaudadoras y quedando suspensos por el término de dos años, todos los pagos incluso el de las asignaciones destinadas para la deuda contraída en Londres y para las convenciones extranjeras.[71]

El país estaba exhausto después de tres años de guerra, y por eso pedía a los acreedores dos años para que las finanzas públicas se recuperaran. El presidente Juárez no estaba rehusando cumplir con ninguno de los compromisos del gobierno mexicano.

Aunque Ocampo ya había muerto cuando se decretó la suspensión de pagos, hay que referir que él había propuesto que se suspendiera el pago de la deuda exterior desde el gobierno de José Joaquín de Herrera en 1850, debido a la precaria situación económica del país. Al respecto señaló: «No hay nacionalidad posible donde no hay rentas, ni crédito, ni por lo mismo poder».[72]

Ante la moratoria, los gobiernos de Francia y Gran Bretaña rompieron relaciones con México. Se reunió una Convención en Londres formándose la Alianza Tripartita de Francia, Gran Bretaña y España, para exigir a México el pago inmediato de sus deudas. Napoleón encubrió de esta manera su proyecto intervencionista.

Había entonces una deuda de 68.5 millones de pesos con Gran Bretaña; 9.4 millones[73] de pesos con España y 3 millones de pesos con Francia, sin incluir los bonos Jecker, contraídos por el gobierno conservador con el medio hermano del propio Napoleón III.

En la Convención de Londres se estableció que no iban a intervenir en los asuntos internos del país, sino simplemente a cobrar lo que les pertenecía, adueñándose de las aduanas.

Ese año de 1861, en Estados Unidos estalló la Guerra de Secesión, los Estados confederados del sur, defensores de la esclavitud, se separaron de los del norte, antiesclavistas. En marzo de 1859, Napoleón III había afirmado a Gutiérrez Estrada que esperaría el momento oportuno para intervenir. El momento propicio llegó con la Guerra de Secesión de Estados Unidos, que le impediría aplicar la Doctrina Monroe en contra de la intervención europea en América. Incluso para neutralizarlo, el gobierno estadounidense fue invitado a la Convención de Londres, pero declinó participar en las reclamaciones contra el gobierno mexicano.

José de Jesús Terán, el representante del gobierno mexicano en Europa, informó que la suspensión de los pagos le estaba dando a Francia el pretexto que esperaba para intervenir. Gracias a los informes de Terán, al entonces canciller Sebastián Lerdo de Tejada, quien sustituyó a Ocampo como el virtual jefe de gabinete, se derogó la moratoria el 23 de noviembre de 1861. De esta manera, cuando llegaron los ejércitos de la Alianza Tripartita a Veracruz, se firmaron tratados bilaterales con España y Gran Bretaña, con lo que se rompió la Alianza Tripartita.

El 8 de diciembre de ese año llegó a Veracruz la primera escuadra de la Alianza Tripartita, la española, que venía de La Habana encabezada por Juan Prim y Prats. El ministro de Isabel II, Leopoldo O'Donnell, quiso que la bandera de España fuera la primera que ondeara de nueva cuenta en territorio mexicano. La escuadra española encabezada por Prim, conde de Reus y marqués de los Castillejos, tenía un contingente de 5 600 hombres.

El Congreso otorgó facultades extraordinarias al presidente Juárez, quien dio órdenes de no atacar a los invasores para no desatar la guerra. El presidente lanzó un manifiesto a la nación, el 18 de diciembre de 1861, exhortando a todos los mexicanos a deponer «los odios y enemistades a que han dado origen la diversidad de nuestras opiniones», y a que todo el pueblo se uniera en derredor del «gobierno y en defensa de la causa más grande y más sagrada [...] nuestra patria»:

> Mexicanos: si tan rectas intenciones fueren despreciadas, si se intentase humillar a México, desmembrar su territorio, intervenir en su administración y política interior o tal vez extinguir su nacionalidad, yo apelo a vuestro patriotismo y os excito a que, deponiendo los odios y enemistades a que ha dado origen la diversidad de nuestras opiniones, y sacrificando vuestros recursos y vuestra sangre, os unáis en derredor del gobierno y en defensa de la causa más grande y más sagrada para los hombres y para los pueblos: en defensa de nuestra patria.[74]

El 6 y 8 de enero de 1862 llegaron a Veracruz las escuadras inglesa y francesa. La británica estaba encabezada por sir Charles Wyke y era la más pequeña, contaba con ochocientos efectivos. La francesa venía encabezada por el conde Dubois de Saligny, con 2 400 hombres, y en marzo llegó un segundo contingente con 4 711. Después vendrían cuatro desembarcos más hasta llegar a 38 493 soldados.[75] Bajo la protección del ejército francés, regresó a México Juan Nepomuceno Almonte, quien había firmado en nombre del gobierno conservador el tratado con Alejandro Mon, representante de España.

Los tres aliados presentaron un ultimátum exigiendo la satisfacción de sus reclamaciones. El gobierno mexicano contestó que solo se atenderían reclamaciones justas.

El presidente designó a Ignacio Zaragoza, jefe del Ejército de Oriente y se organizaron agrupaciones de estudiantes para defender al país de la invasión extranjera

Ante el desembarco de tres ejércitos extranjeros en territorio nacional, el 25 de enero el presidente hizo adiciones a la Ley sobre los delitos contra la nación, publicada por Comonfort en diciembre de 1856.[76] Quien colaborara con los invasores sería castigado con la pena máxima. Se adicionó a la Ley de 1856 el artículo 4.º, relativo a los delitos contra las garantías individuales, a saber:

> I. El plagio de los ciudadanos o habitantes de la República para exigirles rescate. La venta que de ellos se haga o el arrendamiento forzado de sus servicios o trabajo.
>
> II. La violencia ejercida en las personas con objeto de apoderarse de sus bienes y derechos que constituyen legítimamente su propiedad.
>
> III. El ataque a las mismas personas a mano armada, aunque este ataque no resulte el apoderamiento de la persona o de sus bienes [...]
>
> XXX. Los individuos que tuvieren en su poder armas de munición y no las hubieren entregado [...] después de publicada esta ley, serán: los mexicanos, tratados como a traidores y como a tales se les impondrá la pena de muerte; los extranjeros sufrirán la de diez años de presidio.[77]

Conforme a esta ley, serían juzgados Maximiliano, Miramón y Mejía en 1867.

En su calidad de ministro de Relaciones Exteriores, el gobierno envió a Manuel Doblado a negociar con los representantes de los tres países, para explicarles que mientras venían en camino ya se había derogado la moratoria y el gobierno mexicano empezaría a pagar sus deudas.

El 19 de febrero se firmaron los Convenios de La Soledad con los representantes de los tres países: Francia, España e Inglaterra. Quedó disuelta la Alianza Tripartita y se firmaron acuerdos bilaterales. Para facilitar la negociación se autorizó el paso de las fuerzas invasoras a ciudades más salubres que el Puerto, a Córdoba, Orizaba y Tehuacán, acordándose que, de no haber arreglo, las tropas extranjeras retrocederían al puerto de desembarque.

En marzo llegó el general francés Carlos Fernando Latrille, conde de Lorencez, al frente del segundo contingente, que unido al anterior, constituyó un ejército de 7 111 soldados. En abril, las fuerzas españolas e inglesas se retiraron después de haber llegado a un acuerdo. El general Prim fue el primero en partir, no sin antes vaticinar que los franceses en México no serían dueños más que del territorio que pisaran. Como veremos, su predicción se cumplió.

Los ingleses firmaron el tratado Wyke-Zamacona (14 de marzo de 1858) y también salieron del territorio nacional, con lo que quedó al descubierto la intervención imperialista de Napoleón III.

Ante esta situación, Estados Unidos se declaró neutral. Doblado trató de conseguir un préstamo de 11 millones pagaderos a seis años, dando en garantía la hipoteca de los terrenos baldíos de los estados de Baja California, Chihuahua, Sonora y Sinaloa. El empréstito fue denegado.

Manuel Doblado escribió a Thomas Corwin, representante de Estados Unidos:

> cree el ciudadano presidente que no faltan los Estados Unidos a las obligaciones de una nación neutral haciendo un empréstito a México, tanto más cuanto que la inversión de él nunca podrá justificarse que sea en objetos de guerra y, por contrario, ese auxilio ayuda al gobierno de la República al cumplimiento de sus compromisos y por consiguiente a llenar una de las condiciones para alcanzar una paz sólida y duradera.[78]

Por su parte, el presidente Juárez le escribió a Matías Romero, representante del gobierno ante Estados Unidos:

Mucho y muy sinceramente agradezco a usted sus trabajos en el Senado de ese país a favor de México, y debo decirle que no parece que Mr. Corwin tenga la amplia autorización que usted me dice para tratar con este gobierno, pues ha puesto mil dificultades y aún no se ha podido arreglar nada. Usted debe dirigir sus esfuerzos a conseguir que el dinero que se nos preste sea no sólo para atender las reclamaciones de los aliados sino principalmente para nuestros gastos particulares e intereses, con lo que nos prestarían nuestros vecinos un señalado y completo favor.[79]

El Senado norteamericano rechazó el tratado Corwin-Doblado por su conflicto interno, por lo que finalmente no se firmó. Ha sido también motivo de ataques y se ha acusado al gobierno de poner en riesgo el territorio nacional. La acusación es infundada. Cuando se solicitó el préstamo, los terrenos baldíos eran una garantía como en cualquier hipoteca, pero no se perdía la soberanía sobre el territorio. Fue una negociación desesperada con el país invadido, que no se vio en el Congreso porque nunca se concretó.

El 12 de abril de 1862, el presidente Juárez denunció en el manifiesto a la nación, la violación de las convenciones internacionales, refiriéndose tanto a la de Londres como a las de La Soledad. Declaró en estado de sitio a las poblaciones ocupadas por las tropas francesas.[80] Ningún mexicano varón de 20 a 60 años podía excusarse de tomar las armas. Consideró que Napoleón estaba mal informado sobre lo que sucedía en México y exhortó a los mexicanos a defender la patria y los principios de inviolabilidad de la soberanía nacional. He aquí parte de su manifiesto a la nación:

> Mexicanos: El supremo magistrado de la nación, libremente elegido por vuestros sufragios, os invita a secundar sus esfuerzos en la defensa de la independencia [...] seguro de que, siguiendo los consejos del patriotismo, podremos consolidar la obra de nuestros padres.
>
> Espero que preferiréis todo género de infortunios y desastres al vilipendio y al oprobio de perder la independencia o de consentir que extraños vengan a arrebatar vuestras instituciones y a

intervenir en vuestro régimen interior. Tengamos fe en la justicia de nuestra causa; tengamos fe en nuestros propios esfuerzos y unidos salvaremos la independencia de México, haciendo triunfar no solo a nuestra patria, sino los principios de respeto y de inviolabilidad de la soberanía de las naciones.[81]

En el mismo sentido, en la sesión de apertura del Congreso, el presidente Juárez hizo el siguiente exhorto:

> Por azarosa que sea la lucha a que el país es provocado, el gobierno sabe que las naciones tienen que luchar hasta salvarse o sucumbir cuando se intenta ponerlas fuera de la ley común y arrancarles el derecho de existir por sí mismas y de regirse por voluntad propia.[82]

Margarita Maza se dedicó a conseguir donativos para el hospital de sangre del Ejército de Oriente.

CAPÍTULO 5

EL EMPERADOR
Y EL ESTADISTA

El filibusterismo francés está buscando… destruir
nuestra nacionalidad, y yo… por mis principios
y mi juramento soy el llamado a sostener la
integridad nacional, su soberanía y
su independencia.

RESPUESTA DE BENITO JUÁREZ A MAXIMILIANO, S/F

El 28 de abril, el ejército francés rompió hostilidades, violando —como ya se señaló— la Convención de Londres y los Convenios de La Soledad. En estos últimos, el ejército francés se había comprometido a regresar al puerto de desembarque; sin embargo, atacaron Fortín y avanzaron sobre Puebla, donde los conservadores estaban esperándolos para unir sus fuerzas y derrotar rápidamente al gobierno.

El general Ignacio Zaragoza decidió esperar al enemigo afuera de la ciudad de Puebla y fortificarse en Loreto y Guadalupe. La noche del 4 de mayo, Zaragoza reunió a los jefes de su ejército y los conminó a prepararse a luchar hasta morir, les dijo que el honor de México estaba en sus manos, que no era posible que llegara un ejército invasor hasta la capital de la República sin que se le enfrentaran. Tales palabras las conocemos por una carta que Porfirio Díaz escribió a su hermana.[83]

El ejército mexicano era consciente de que se iba a enfrentar al invicto ejército francés, que había triunfado en todas las guerras en las que había participado.

El 5 de mayo, los franceses atacaron tres veces las fortificaciones del ejército mexicano y fueron rechazados las tres ocasiones.

Sin volver a presentar batalla, se replegaron hasta Orizaba. El resultado fue una sorpresa para todos. Zaragoza informó al presidente Juárez que las armas mexicanas se habían cubierto de gloria; había logrado su propósito de que el ejército invasor no se uniera con los conservadores poblanos.

Lorencez cayó en la trampa de Zaragoza porque atacó el único punto que estaba fortificado; si Lorencez se hubiera dado la vuelta y llegado a la ciudad de Puebla, esquivando el encuentro con Zaragoza, se habría reunido con los partidarios de la intervención, que los estaban esperando.

El jefe del ejército francés informó que, contrario a la afirmación según la cual el pueblo los recibiría con júbilo y su entrada sería prácticamente un desfile militar, se habían encontrado con el ejército enemigo fortificado. Tuvo que atacarlos antes de entrar a la capital poblana, pues no podía dejarlos en la retaguardia. Justificó su derrota argumentando que se requerían muchos más efectivos.

Esta batalla detuvo un año la intervención y fue un gran aliciente para los mexicanos. Les infundió confianza en la victoria final, ya que, si habían podido derrotar una vez al que era en ese momento el ejército más poderoso del mundo, podrían hacerlo de nuevo.

Lamentablemente, en septiembre Zaragoza murió de tifo, y Jesús González Ortega ocupó su lugar como jefe del Ejército de Oriente. Los mexicanos se reorganizaron. Comonfort regresó para combatir a los invasores. El mismo mes de septiembre llegó el cuarto desembarco del ejército francés, con el general Federico Elías Forey, quien sustituyó a Lorencez, con otros experimentados generales franceses.

En el cierre de sesiones del Congreso, el presidente Juárez informó:

> De los países de América, con los que nos unen vínculos de fraternidad, México recibe continuas pruebas de simpatía y puede decirse que todo el continente se siente amenazado por la injusta agresión que nosotros tenemos que rechazar. ¡Pluga a Dios que el triunfo de México sirva para asegurar la independencia y respetabilidad de las repúblicas hermanas![84]

Como veremos, los gobiernos latinoamericanos reconocieron la defensa que Juárez hizo de la independencia y soberanía de México, conscientes de la necesidad de poner un alto al imperialismo europeo.

El presidente entregó medallas a los soldados vencedores en la batalla del 5 de mayo, ante quienes afirmó que habían probado:

> al orgulloso invasor que México vive, que México no sucumbirá al capricho de ningún poderoso, porque defiende la causa de la justicia, de la civilización y de la humanidad, y porque cuenta con hijos leales y valientes como vosotros.[85]

Entretanto, en Francia, los diputados liberales Jules Favre y Edgar Quinet condenaron la intervención napoleónica en México. Mientras, Napoleón se ofreció como mediador en la guerra civil estadounidense y continuó con su proyecto imperial mundial. Así, se anexó la Conchinchina y después hizo de Camboya un protectorado francés.

Napoleón III quería demostrar que era tan grande como su tío y no el pequeño como le había puesto Victor Hugo. Hoy día existe la Academia del Segundo Imperio que se ocupa de rescatar al personaje. En efecto, Napoleón III tuvo un proyecto de consolidar un imperio mundial, llevó a sus ejércitos a todos los continentes, se fortaleció en Argelia, llegó a Indochina, pero escribió que la página más gloriosa de su reinado sería poner un dique a Estados Unidos, con un imperio subsidiario del suyo en México. Estaba poniendo en práctica la idea de Maurice de Talleyrand de detener el avance estadounidense, que amenazaba con acabar con la hegemonía de Francia en el mundo.

En octubre de 1862, el presidente reiteró ante el Congreso: «Se ultraja a un pueblo cuando se ataca al poder que él mismo ha elevado y quiere sostener».[86]

Procedió a expulsar a siete extranjeros involucrados en la intervención, entre ellos el banquero suizo Jecker.

Al inicio de 1863, Juárez siguió sumando a quienes se le habían opuesto. En carta a Paulo Verástegui escribió: «Cuando hay deseo de hacer la paz, que es el principal bien de los pueblos, se olvida, no se recrimina».[87]

En abril de ese año, en la apertura de sesiones del Congreso de la Unión, el presidente exclamó:

> El mundo entero aclamará nuestra honra, porque de verdad no es pequeño un pueblo que, dividido y ultrajado por largas y desastrosas guerras civiles, halla en sí mismo bastante virilidad para combatir dignamente contra el monarca más poderoso de la tierra; un pueblo que en esta situación de inmensa gravedad, mantiene incólume su derecho público [...], solo hay gloria para aquellas naciones que, como México, defienden el derecho y la justicia.[88]

Un año después de la victoria en la batalla de Puebla, el 17 de mayo de 1863, después de un sitio de 62 días, la ciudad de Puebla fue tomada por los franceses. González Ortega resistió todo lo que pudo al embate del ejército invasor de 28 mil efectivos.[89]

Además del repique de campanas de las iglesias de la capital poblana, el comandante en jefe del ejército invasor, Federico Forey, fue recibido en la catedral bajo palio y con un *Te deum*.

La Iglesia presentó a la Intervención Francesa como la salvadora de la religión, supuestamente perseguida por Juárez. Celebró con repiques de campana cada triunfo de los franceses. Por su parte, Juárez suprimió todos los cabildos eclesiásticos, excepto el de Guadalajara, que se opuso a la intervención.

Ante el avance de las fuerzas invasoras, el Congreso otorgó facultades omnímodas al presidente. El 20 de mayo, Juárez volvió a exhortar a la nación a luchar: «La adversidad no es causa suficiente para que desmayen los republicanos esforzados que defienden su patria y su derecho».[90]

El 1 de junio, el presidente Juárez trasladó el gobierno de la República a San Luis Potosí. Inició así su itinerancia por el norte del país. De San Luis Potosí pasó a Saltillo, después a Monterrey; siguió a la ciudad de Chihuahua y llegó hasta Paso del Norte, ciudad que hoy lleva su nombre. Cabe destacar que nunca abandonó el territorio nacional. Lo acompañaron su familia, su gabinete, buena parte de los diputados del Congreso, empleados de gobierno y un destacamento militar.[91]

Llevó consigo los documentos que consideró más importantes para la nación y que puso a resguardo en Chihuahua. Justo Sierra y Alfonso Reyes escribieron que la soberanía de México iba en ese pequeño carruaje por el norte del país. Su familia lo acompañó hasta Monterrey, donde nació su hijo Antonio, y después la envió a Estados Unidos, vía Nueva York, para instalarse en Washington.

El gabinete se fue reduciendo desde 1863 hasta el triunfo de la República en 1867. Solo quedaron tres ministros: Sebastián Lerdo de Tejada en Relaciones Exteriores y Gobernación; José María Iglesias en Hacienda y Justicia, Fomento e Instrucción Pública; e Ignacio Mejía en Guerra y Marina; este último acompañó al presidente hasta su muerte.

El 10 de junio el ejército invasor hizo su entrada triunfal en la capital. Fue recibido con guirnaldas por los capitalinos, como los había instruido el clero desde el púlpito. Eran los supuestos salvadores de la religión católica.

El general Forey organizó un gobierno provisional llamado Regencia, integrado por Juan Nepomuceno Almonte, el arzobispo de México, Pelagio Antonio Labastida y Dávalos y José Mariano Salas como propietarios, y el obispo de Tulancingo, Juan Bautista Ormaechea y J. I. Rascón como suplentes.

Asimismo, Forey convocó a una Junta de notables, compuesta por 35 monarquistas, entre los que había sacerdotes, militares y civiles,[92] para que decidieran sobre el gobierno que se establecería en la nación. La Junta decidió que se estableciera una monarquía con quien Napoleón III designara. El historiador Martín Quirate[93], consideró que difícilmente se puede encontrar en la historia una abdicación semejante de la voluntad de unos ciudadanos al entregar su patria.[94]

Los franceses procedieron a incautar las propiedades de los opositores a la intervención y organizaron cortes marciales para ajusticiar a civiles y militares republicanos.

En este contexto, Forey hizo unas declaraciones que dejaron estupefactas a las autoridades eclesiásticas. Declaró que el emperador de Francia vería con buenos ojos que se estableciera la libertad de cultos, «principio de todas las sociedades modernas».

Anunció además que no se molestaría a los adjudicatarios de los bienes nacionalizados del clero por el gobierno juarista.[95]

La Iglesia había apoyado a la Intervención Francesa para que se derogaran todas las Leyes de Reforma dadas por Juárez. Se habían opuesto a las leyes reformistas anteriores a la Constitución de 1857, como la Ley Juárez. Labastida, entonces obispo de Puebla, había financiado el levantamiento de Antonio Haro y Tamariz, para derrocar al gobierno liberal. Habían excomulgado a todo aquel que jurara la Constitución por establecer la tolerancia religiosa y por haber facultado al Estado para legislar en materia religiosa, y apoyaron a los conservadores en la guerra civil. La Iglesia auspicio la Intervención justamente para que se derogarán las Leyes de Reforma, se les regresaran sus bienes y se restableciera la religión católica como única sin tolerancia de ninguna otra religión. Habían satanizado a Juárez y ensalzado a los franceses como salvadores de la religión, y ahora resultaba que los franceses eran iguales que los liberales puros.

Labastida no había regresado de Europa cuando se dieron estas declaraciones, así que con quien se enfrentó Forey fue con el obispo Ormaechea. La confrontación llegó a un punto tal que la jerarquía eclesiástica amenazó con cerrar los templos para que los franceses no pudieran asistir a misa y el general francés encargado de la ciudad de México respondió que los abrirían a cañonazos.

Según su dicho, los conservadores y los clericales monárquicos habían puesto a la Iglesia en manos de Lutero. Se habían entregado a Napoleón III, olvidándose de su estirpe liberal y revolucionaria. Ante el enfrentamiento de Forey con el clero, el emperador francés lo nombró mariscal y lo regresó a Francia. Fue sustituido por Aquiles Bazaine, quien hizo efectivos los pagarés de los bienes del clero nacionalizados para tratar de tranquilizar la situación.

Entretanto, el presidente Juárez continuó exhortando a la nación a unirse, desde San Luis Potosí:

> ¡Unámonos, pues, y no excusemos sacrificios para salvar nuestra independencia y nuestra libertad, esos grandes bienes sin los cuales todos los demás son tristes y vergonzosos! [...] Olvidad vuestras

querellas; poned a un lado vuestras aspiraciones, sean o no razo-
nables, si por causa de ellas os sentís menos resueltos y determi-
nados a la defensa de la patria, porque contra esta nunca tendremos
razón.[96]

En este contexto, Juárez le escribió a Santacilia que había que
procurar por todas las formas posibles inculcar al pueblo las ideas
de libertad y de dignidad: «[Procuremos] en nuestros escritos, y
aun en nuestras conversaciones, educar a los pueblos inculcán-
doles las ideas de libertad y de dignidad, con lo que les haremos
un bien positivo».[97]

En octubre de 1863, la diputación mexicana en Europa encabezada por José María Gutiérrez de Estrada y el padre Francisco
Miranda, brazo derecho del arzobispo Labastida, hizo el ofrecimiento formal del trono de México a Maximiliano de Habsburgo
en Miramar. Desde marzo de 1859 se sabía que iba a ser un Habsburgo y no un Borbón a quién elegiría Napoleón III para su empresa imperial en México. Recuérdese que Santos Degollado
interceptó la carta de Gutiérrez de Estrada en la que daba cuenta de su reunión con Napoleón, en la que el emperador había
afirmado que intervendría en México en el momento oportuno.
El gobierno juarista tuvo la confirmación desde mayo de 1859 de lo
que pasaba en París por conducto de Andrés Oseguera, amigo de
Ocampo, en el sentido de que el emperador iba a ser un Habsburgo.

Como hemos dicho páginas atrás, Napoleón tenía un proyecto
imperial mundial. Primero intervino en todos los conflictos europeos hasta cobrar un lugar hegemónico como árbitro de la política europea. En el gobierno del imperio austrohúngaro se
encontraba Francisco José, hermano mayor de Maximiliano. Austria tenía dominios en la península itálica y sus habitantes estaban
luchando por independizarse de los austríacos y lograr la unidad
de Italia, encabezados por el conde de Cavour y por Garibaldi.

En ese escenario, Francisco José envió a Maximiliano a convencer a Napoleón de que no apoyará a los italianos. El archiduque describió al emperador de Francia como un bufón de circo;
lo menospreció por su falta de estirpe noble. Sin embargo, Napoleón lo acabó envolviendo y regresó convencido de que no iba a

intervenir en Italia. Pero fue lo primero que hizo cuando Maximiliano partió. Las relaciones se tensaron entre el imperio austríaco y el francés. Napoleón decidió invitar a Maximiliano a México para destensar la relación con Francisco José, quien vería con buenos ojos el ajamiento de su hermano, que era muy popular, sobre todo entre los húngaros. Cuando Napoleón conoció a Maximiliano, pudo constatar que tenía ideas liberales y un carácter dúctil. Es evidente que no iba a poner en una empresa que estaba patrocinando a quien no le fuera afín. Le parecía manejable.

El mismo Napoleón escribió sobre el porqué de su decisión al conde de Flahaut, su embajador en Inglaterra: distender las relaciones con el Imperio austríaco.[98] Por lo escrito por el emperador, no se sostiene lo que aseguró el conservador monarquista José Manuel Hidalgo, en el sentido de que fue él quien convenció a Eugenia de Montijo, esposa de Napoleón, sobre la intervención en México y que Maximiliano fuera el emperador.

En efecto, Maximiliano era un hombre de ideas liberales, orgulloso descendiente de José II de Austria, quien había sometido a la Iglesia a la autoridad imperial. Hombre culto y sensible, tenía la influencia del socialista utópico Leopoldo von Stein, quien había escrito que los buenos gobernantes tenían que estar por encima de los diferentes partidos políticos.

Era un romántico de la política. En su obra sobre el Imperio de Maximiliano, el historiador José C. Valadés muestra el contrapunto entre un príncipe austríaco de 33 años, sin experiencia de gobierno y absoluto desconocimiento de México, y un estadista como Juárez, que estaba en su propio terreno y tenía experiencia de gobierno.[99]

El archiduque austríaco tenía un carácter opuesto a su hermano Francisco José, quien era partidario de la mano dura. El emperador de Austria lo había removido como gobernador de las provincias Lombardo Venecianas por su política liberal, que buscó relajar las medidas represivas de los militares austríacos hacia los italianos. Por ello, Maximiliano se encontraba en Miramar, sin función alguna. Le habían ofrecido el Reino de Grecia, pero no lo aceptó porque consideró que el pueblo griego ya había tenido su momento de apogeo y que no lo iba a volver a tener. En cambio, cuando Napoleón lo invitó a ser emperador de México, le pareció mucho más atractivo, así que aceptó. Al recibir a la Diputación mexicana que le hizo el ofrecimiento formal del trono, el archiduque les solicitó actas de adhesión del pueblo de México, que demostraran que querían que él fuera su emperador, como una mera formalidad.

Entretanto, en México las tropas francesas se habían apoderado de todo el centro del país y amenazaban a San Luis Potosí, por lo que, en enero de 1864, Juárez tuvo que trasladarse a Saltillo adonde llegó en febrero; después, en abril fue a Monterrey y a Chihuahua en octubre. En ese periplo, le escribe a Doblado: «Nuestro deber es luchar en defensa de la patria, y entre la defensa de una madre y la traición no encuentro medio alguno honroso».[100]

En Saltillo, el presidente decretó la separación de Coahuila de Nuevo León, estados que había unido al cacique Santiago Vidaurri. Con este motivo dio un manifiesto a los habitantes de ambos estados, señalando:

> Cuán invencible es la fuerza de los pueblos y cuán grande el poder de sus autoridades legítimas, cuando unos y otras, apoyados por la opinión, acatan y defienden, en cumplimiento de sus deberes, el mandato de la ley.[101]

En febrero de 1864, Maximiliano recibió las supuestas actas de adhesión a su imperio. En ellas, los monarquistas pusieron los nombres hasta de personas muertas. No había condiciones en el país en guerra para levantar semejantes actas. Esto no significaba que no hubiera apoyo a la monarquía. Así como la Iglesia apoyó la Intervención y la población creyó lo que le dijeron sus líderes espirituales, que los franceses venían a salvar la religión que todos profesaban, el clero también apoyó al Imperio y se despertó una fascinación por los príncipes europeos, como si fuera un cuento de hadas en el que venían a salvar a México.

El emperador Francisco José, pidió a Maximiliano renunciar a sus derechos eventuales al trono de Austria, así como para sus descendientes. Esta exigencia hizo dudar a Maximiliano de aceptar el trono mexicano, pero Napoleón, por una parte, y Carlota, por otra, lo convencieron de continuar con la aventura imperial. Carlota era hija de Leopoldo de Bélgica. Había sido educada para gobernar y no estaba conforme con quedarse en Miramar. Así pues, Maximiliano renunció a sus derechos eventuales al trono de Austria y aceptó ser emperador de México.

Después de recibir las supuestas actas, el archiduque austríaco aceptó oficialmente el trono mexicano. En su discurso de aceptación destacó que ocuparía el gobierno para establecer instituciones liberales, lo que llamó la atención de los monarquistas mexicanos, en particular del padre Miranda, quien falleció al poco tiempo.

Maximiliano firmó los Tratados de Miramar con Napoleón III. En ellos se comprometió a pagar hasta el último centavo de lo que Francia invirtiera para establecer su imperio. Napoleón III estaba convencido de que México poseía una gran riqueza, idea alimentada por los estudios de François Chevalier. Iba a poner a Maximiliano en un trono de oro. Los franceses consideraban que tales riquezas no habían rendido frutos porque los mexicanos no habían sabido gobernar, pero estableciendo un «buen gobierno», el país volvería a generar la riqueza que había dado al Imperio español.

En los Tratados de Miramar se estableció que los militares mexicanos quedarían bajo las órdenes de los franceses. En un artículo secreto, el archiduque austríaco se comprometió a poner en práctica una política liberal, con la que estaba totalmente de acuerdo.

José María Iglesias, escribió *Las Revistas Históricas* sobre la Intervención Francesa desde 1862 hasta 1866, para dar cuenta de lo que acontecía en México, tanto a la población como al exterior. Esta publicación fue el órgano de difusión del gobierno juarista. A solo unos días de haberse firmado los Tratados de Miramar entre Napoleón III y Maximiliano de Habsburgo, Iglesias predijo las causas por las cuales fracasarían la Intervención Francesa y el Segundo Imperio. Veamos sus argumentos:

> 1.º Un conflicto europeo que provocara [...] una guerra general, u otra [...] en que se viera obligada Francia a tomar un participio activo, como sucedió con las últimas de Crimea y de Italia [...]

[Francia] no cometería la locura de abandonar a millares de leguas de distancia [...] a un cuerpo de ejército formado de sus tropas más aguerridas, las cuales le harían mucha falta para resolver cuestiones [...] de inmensa importancia para ella.

Agrégase a esta consideración [...] que sería entonces infinitamente más difícil [...] proveer a la subsistencia de las tropas expedicionarias de México [...]

2.° La retirada del cuerpo expedicionario francés por la falta de posibilidad de que los sostenga el tesoro imperial mexicano, y por los insuperables inconvenientes de que lo continúe manteniendo el erario de su propia nación [...]

3.° La muerte de Napoleón III. No está [...] tan consolidado el imperio francés, que puedan sus partidarios concebir la esperanza de que subsista [...] La dinastía napoleónica se encuentra en caso mucho más complicado, porque está expuesta [...] a los ataques de todos los partidos que son sus enemigos naturales: Los legitimistas, los orleanistas [y] los republicanos [...]

4.° La reivindicación de la doctrina Monroe, por parte de los Estados Unidos.

Para nadie es un misterio que la obra intervencionista del emperador de los franceses debe su existencia a la lucha intestina de la América del Norte [...] Por indudable tenemos que bastaría la simple declaración por parte de los Estados Unidos, de que considerarían como caso de guerra la prolongación de la intervención francesa en México, para que cejara en su propósito Napoleón III, a quien hoy estimula [...] no hallar resistencia en quien debiera oponérsela [...]

5.° La prolongación indefinida de la guerra que sostienen los mexicanos amantes de la independencia y de la república.

[...] Las repúblicas hispanoamericanas, en su larga guerra de insurrección, tuvieron todas diversas épocas, en que parecía enteramente perdida su causa; y ni una sola dejó de conquistar, a fuerza de constancia, su independencia de la antigua metrópoli.

Es una verdad eterna que no es fácil dominar al pueblo que no quiere ser dominado; y si México se obstina en oponerse a la intervención francesa, acabará por triunfar en un período que no puede ser de larga duración, porque forzosamente ha de venir a abreviarlo alguna de las causas que hemos apuntado.[102]

Prácticamente todos los pronósticos de Iglesias se cumplieron. Prusia se convirtió en una amenaza para la hegemonía francesa en Europa y creció cada vez más la oposición a la aventura mexicana que había costado muchos recursos sin dar beneficios. Napoleón no murió en el trono porque caería su imperio. Cuando terminó su guerra civil, Estados Unidos se manifestó en contra de la intervención europea en América. La resistencia republicana impidió que los franceses pudieran controlar el país, y por ende establecer al imperio subsidiario de Francia. Así que lo escrito por Iglesias resultó premonitorio.

Antes de salir de Europa, Maximiliano visitó al papa. Napoleón le había aconsejado que no fuera, porque lo iba a querer comprometer. Sin embargo, enterado el archiduque de las desavenencias entre Forey, jefe del ejército francés, y la Iglesia, decidió ir para tranquilizar las cosas. No sabemos exactamente lo que trataron en la reunión; sin embargo, en el sermón de la misa, Pío IX le recordó la obediencia que los monarcas católicos debían a la Iglesia. A juzgar por sus escritos y acciones, Maximiliano no se comprometió explícitamente a nada y quedaría en espera del primer nuncio pontificio que la Santa Sede enviaría a México. Cabe recordar que a partir del reconocimiento de su independencia en 1836, el pontificado había enviado delegados apostólicos, es decir, representantes religiosos para tratar con las autoridades eclesiásticas, no con el Estado. El nuncio tiene estatus diplomático.

Pelagio Antonio Labastida y Dávalos había sido designado arzobispo, y logró estar cerca de Pío IX. Muerto Alamán, Labastida se convirtió en la cabeza del grupo conservador clerical monárquico. Estuvo en Miramar con Maximiliano para expresarle lo que la Iglesia esperaba de su gobierno. El príncipe austríaco hizo lo mismo que con el papa, simplemente lo escuchó y Labastida dio por sentado que haría lo que la Iglesia deseaba.

En su viaje a México, Maximiliano elaboró el protocolo de su Corte, hecho que fue muy criticado, sin entender la necesidad de vestir el poder. Lo más significativo que hizo fue enviar una carta al presidente Juárez para invitarlo a gobernar juntos, le proponía que ocupara nuevamente la presidencia de la Suprema Corte de Justicia de la Nación.[103] Juárez respondió al archiduque con gran dignidad en los siguientes términos:

El filibusterismo francés está buscando minar y destruir nuestra nacionalidad, y yo que por mis principios y mi juramento soy el llamado a sostener la integridad nacional, su soberanía y su independencia, tengo que trabajar con mucha actividad, multiplicando mis esfuerzos, a fin de corresponder al sagrado depósito que la nación, ejerciendo sus facultades soberanas, me ha confiado. [...]

Me invitáis cordialmente a que vaya a México; a donde os dirigís a fin de que celebremos una conferencia en unión de otros jefes mexicanos armados hoy, prometiéndonos las fuerzas necesarias para nuestra escolta durante el viaje y empeñando como fianza y garantía, vuestra fe pública, vuestra palabra y vuestro honor. [...] Pero si pudiera aceptar tal invitación, no sería suficiente la fe pública, la palabra de honor de un agente de Napoleón el perjuro, de un hombre cuya seguridad está confiada a los mexicanos traidores, y que en este momento representa la causa de uno de los que firmaron el tratado de la Soledad. Conocemos demasiado bien [...] lo que valen los juramentos y promesas de un Napoleón.

También decís que de la conferencia (si yo acepto), no dudáis que resulte la paz, y en ella la felicidad de la nación mexicana; que colocándose al imperio en un lugar de honor distinguido, contaría en lo futuro con mi talento y mi patriotismo para el bien general [...] Pero un hombre, a quien está confiado el cargo de Presidente de la República, saliendo como ha salido de las oscuras masas del pueblo, sucumbirá, si así lo decreta la sabiduría de la Providencia, desempeñando su deber hasta lo último, correspondiendo a las esperanzas de la nación que preside, y satisfaciendo las aspiraciones de su propia conciencia. [...]

Al hombre le es dado a veces atacar los derechos de otro, apoderarse de sus propiedades, amenazar las vidas de los que se atreven a defender su nacionalidad, hacer aparecer las más esclarecidas virtudes como crímenes y hacer resplandecer sus vicios como virtudes. Pero hay una cosa que está fuera del alcance de los falsos y perversos, y esta es la sentencia tremenda de la historia. Ella nos juzgará.[104]

Cabe referir que a Miramar había acudido José de Jesús Terán, diplomático ejemplar que hizo todo lo que pudo para detener la intervención y el imperio. Ya que el gobierno mexicano carecía de recursos, solo lo tenía a él de representante en Europa, y realmente no recibía un salario; él mismo de su peculio pagaba sus viajes de Madrid a Londres y a París, logrando que se publicaran artículos dando a conocer la situación que imperaba en México, con un gobierno constitucional. Como se recordará, gracias a los informes de Terán, se derogó la moratoria antes de que llegaran las embarcaciones de los miembros de la Alianza Tripartita. Terán fue a Miramar y trató de convencer a Maximiliano de que desistiera de la empresa, porque en México existía una República con un gobierno constitucional. Murió al poco tiempo, enfermo de pulmonía, en uno de sus viajes. Es sin duda un héroe de la diplomacia mexicana.

Como hemos podido constatar, el archiduque austríaco no vino engañado, conocía la situación del país. Maximiliano escuchó a todos, a los conservadores monárquicos, a la jerarquía eclesiástica y a los liberales republicanos, y creyó que podía ser el nuevo Quetzalcóatl que salvaría a México. De acuerdo con Von Stein, consideró que debía estar por encima de todos los partidos. Como los conservadores monarquistas tenían que apoyarlo, pues ellos le habían ofrecido el trono, igual que la Iglesia, que había apoyado todo el proceso; su objetivo fue conquistar a los liberales y a los mismos republicanos. Con esta idea, Maximiliano y Carlota llegaron a Veracruz el 28 de mayo de 1864.

La recepción en el puerto fue fría, decepcionó a la emperatriz. Llegaban a la que había sido la sede del gobierno liberal durante toda la Guerra de Reforma. La población apoyaba a la República y al presidente Juárez. Otra cosa muy distinta fue su entrada a la Ciudad de México el 12 de junio, los balcones de las casas por donde iban a pasar los emperadores se cotizaron hasta en quinientos pesos. La gente se aglutinaba en las calles para ver a los príncipes del cuento de hadas. Cronistas de la época refieren que el recibimiento a los príncipes europeos fue apoteótico.

El presidente Juárez escribió desde Monterrey: «Las gentes que no tengan fe en los esfuerzos de la nación y en la justicia de nuestra causa, que se vayan al campo enemigo. No hacen falta. Hay todavía mexicanos leales que nos ayudan».[105]

En agosto de 1864, el imperio decretó la libertad de prensa y Bazaine fue elevado al rango de mariscal de Francia. Los conservadores monarquistas vieron con sorpresa que Maximiliano no usara su nombre católico de Fernando, ni la cruz en su escudo, y que nombrara un gabinete con liberales moderados y solo un conservador: Joaquín Velázquez de León. Entre los liberales moderados incluyó a José Fernando Ramírez, que se había opuesto a adornar su casa para la llegada de los emperadores.

En el mismo mes de agosto, Juárez decidió enviar a su familia a Estados Unidos. Margarita acababa de dar a luz a Antonio y tenía entonces nueve hijos. Habían procreado 12, nueve mujeres y tres hombres. Tres niñas murieron pequeñas entre 1 y 3 años: Guadalupe en 1850, Amada en 1853 y Gerónima Francisca en 1862. Manuela tenía 20 años y se casó con Pedro Santacilia; Felicitas 19, Margarita 16, Soledad 14, Benito 12, las gemelas María de Jesús y Josefa 10, José 7 y el recién nacido Antonio.

El gobierno republicano se encontraba en una situación tan precaria, que una comisión encabezada por Doblado y Jesús González Ortega le había pedido al presidente Juárez que renunciara para facilitar las negociaciones de paz con los franceses, cuando se encontraba en Saltillo.

Las fuerzas juaristas se encontraban agotadas y sin recursos, ya que las aduanas estaban en manos de los conservadores y de los franceses. El gobierno se fue replegando al norte, después de Monterrey, llegó a Chihuahua en octubre de 1864 y finalmente a Paso del Norte, en agosto de 1865. El gobierno de Estados Unidos le ofreció que pasara al territorio estadounidense, pero él se negó, nunca abandonó el territorio nacional.

En esa dramática coyuntura escribió a Matías Romero, representante de México en Estados Unidos, que todo podía hacerse por la defensa nacional, menos enajenar el territorio:

> Muy poco he hecho a favor de nuestra patria, y ese poco solo ha sido en cumplimiento del deber que tengo como gobernante y como mexicano [...] en el modo, forma y sustancia de un arreglo debe

Benito Juárez. El hombre y el símbolo • 109

salvarse siempre el decoro y dignidad de nuestra nación, porque es cabalmente el objeto de nuestra actual contienda.[106]

Debido a que estaba por concluir el período presidencial (noviembre de 1864), González Ortega, en su calidad de presidente de la Corte, le demandó al presidente que le entregara el cargo. Juárez le comentó a Santacilia sobre las pretensiones de González Ortega. Era el momento menos indicado para hacer un cambio de mando político. Destaca que González Ortega no había leído la Constitución y había hecho el ridículo:

> [Jesús González] Ortega vive ahora aquí retirado en su casa. Ha estado listo, sin embargo, para haber pedido que le entregara yo el mando, dizque porque ha terminado mi período; no leyó la Constitución y quedó en ridículo.[107]

Juárez contaba con las facultades extraordinarias que le había otorgado el Congreso y se encontraba en un estado absolutamente excepcional. Juárez decidió prorrogar su mandato hasta que se lograra la victoria.

Al triunfo de la República, cuando el Congreso quedó instalado, el presidente rindió cuentas de sus decisiones y el órgano Legislativo expidió un nuevo decreto cuyo artículo primero señalaba: «se ratifica y legaliza el decreto expedido por el Ejecutivo el día 8 de noviembre de 1865, por el que el ciudadano presidente de la República prorrogó su período presidencial, sin que la legalización pueda en ningún caso servir de precedente para lo sucesivo».

Así lo explicó Juárez en extensa circular. La Constitución estaba vigente, pero su observancia estaba interrumpida. Por lo tanto, el presidente no violó la Constitución prorrogando su mandato, pues estaba luchando por la independencia del país para restablecer el orden constitucional. Los ataques de González Ortega y de sus partidarios que afirmaban que el presidente estaba violando la Constitución al prorrogar su mandato fueron erróneos. Estos mismos argumentos falsos han sido repetidos por los enemigos de Juárez hasta la fecha, para afirmar que violó el marco constitucional para quedarse en el poder. Nada más lejos de la verdad.

El presidente tenía razón, el artículo 128 de la Constitución de 1857 establecía lo siguiente:

> Esta Constitución no perderá su fuerza y vigor, aun cuando por alguna rebelión se interrumpa su observancia. En caso de que por un trastorno público se establezca un gobierno contrario a los principios que ella sanciona, tan luego como el pueblo recobre su libertad, se restablecerá su observancia, y con arreglo a ella y a las leyes que en su virtud se hubieren expedido, serán juzgados, así los que hubieren figurado en el gobierno emanado de la rebelión, como los hubieren cooperado a esta.[108]

Con optimismo, el presidente mostró su fortaleza y le encargó su familia a Santacilia:

> Yo no he sufrido menos por la ausencia de ustedes; sin embargo, la fortuna todavía no nos ha abandonado del todo, supuesto que hasta ahora no se ha desgraciado ninguno de nuestra numerosa familia y que cuento con usted que la cuidará. Ese es mi mayor consuelo.[109]

Mientras, en Francia, los diputados liberales A. Thiers, G. Gueroult, J. Berger y J. Favre continuaban oponiéndose a la aventura imperial en México. Y Maximiliano siguió sorprendiendo a los conservadores con su política liberal. En septiembre, con motivo del aniversario de la celebración de la independencia fue a Dolores a rendir homenaje a Miguel Hidalgo,[110] cuando los conservadores y la Iglesia lo consideraban —y varios lo siguen considerando— el causante del caos en que se había sumido el país por haber desatado una revolución popular. En su lugar, proclaman a Iturbide como el autor de la Independencia.

Además, el emperador decidió alejar de México a los principales generales conservadores, ya que ni él ni Bazaine les tenían confianza. Miguel Miramón fue enviado a Berlín a estudiar ciencia militar y a Leonardo Márquez lo envió a Constantinopla como ministro plenipotenciario, para erigir una capilla en los «santos lugares».

En diciembre de ese primer año del Segundo Imperio, llegó a México el nuncio pontificio monseñor Francisco Meglia. Se recordará que Pio IX había quedado en enviar a su representante para establecer un concordato con el gobierno imperial, pues nunca estuvo dispuesto a negociar con los gobiernos republicanos mexicanos.

Maximiliano tenía preparado un proyecto de concordato en nueve puntos que incluía la declaración de que la religión oficial del imperio era la católica pero que había libertad de cultos.[111] No se le regresaban sus bienes al clero, seguían siendo propiedad de la nación, como había decretado Juárez, con la diferencia de que la Iglesia se los traspasaba al gobierno. Los clérigos ejercerían gratuitamente su ministerio y el Estado imperial sufragaría los gastos del culto, como Mora y Gómez Farías habían propuesto en la Reforma liberal de 1833. El emperador ejercería el Patronato como lo habían ejercido los reyes de España, y como también quisieron hacer Gómez Farías y Mora.

El emperador y el Papa determinarían conjuntamente qué ordenes religiosas se reestablecerían de las extinguidas por las Leyes de Reforma, así como si se les daba fuero. Finalmente, igual que en 1833, los ministros de culto llevarían el registro de los ciudadanos, pero en calidad de funcionarios al servicio del Estado. Se secularizaban los cementerios, igual que con las Leyes de Reforma de Juárez, entre otros puntos.

El nuncio rechazó el proyecto, era todo lo contrario de lo que esperaba. La situación llegó a tal tensión que el nuncio decidió salir del país. Antes de que se fuera, la emperatriz Carlota trató de arreglar las cosas, pero fue imposible. Le escribió a la emperatriz Eugenia, esposa de Napoleón III, que le habían dado ganas de echar al nuncio «por la ventana». Esta escena fue recreada por Fernando del Paso en *Noticias del Imperio*. Carlota afirmó en su carta que Meglia creía que vivía en tiempos de Felipe II.

Maximiliano decía que, si él era liberal, Carlota era roja.[112] En efecto, la emperatriz era muy liberal, escribió que el imperio superaría a la reforma de Juárez, por quien tenía respeto. También escribió que lo peor que encontraron en México fue el clero, que se ocupaba de todo menos de enseñar la religión católica a la población.

El nuncio se fue y el emperador envió diversas comisiones a Roma para tratar, sin éxito, de negociar con el papa. Pio IX endureció su posición y promulgó el *Syllabus errorum complectens praecipuos nostrae aetatis errores* del 8 de diciembre de 1864, donde condenó el liberalismo, la democracia, el sindicalismo, así como el principio de soberanía de los Estados, y pugnó por la sumisión de los poderes temporales a las directrices de la «santa madre Iglesia».[113]

Napoleón III no permitió que el documento pontificio se difundiera en Francia y Maximiliano estableció el Pase de Bulas y rescriptos, que evitó la circulación de los documentos papales sin su autorización.

Francisco de Paula Arrangoiz, conservador clerical monárquico que estuvo con Maximiliano en Miramar, afirma en sus *Apuntes para la historia del Segundo Imperio*, que la Iglesia contó con más libertad una vez que triunfó la República con Juárez, que en los tiempos de Maximiliano. Esto es exacto, ya que el emperador quería ser el patrono de la Iglesia en su territorio y Juárez separó a la Iglesia del Estado. El historiador jesuita, Jesús Gutiérrez Casillas (1974) reconoció la importancia que tuvo para la Iglesia su separación del Estado, pues consideró que, cuando el poder espiritual y el temporal van juntos, también caen juntos.[114]

Entretanto, el ejército francés seguía apoderándose de las principales ciudades del país, llegando hasta Monterrey. No obstante, el presidente Juárez no se amedrentó y confió en que podían triunfar. Según la posición del ejército francés, se iba hasta Paso del Norte, o se trasladaba a la ciudad de Chihuahua.

En enero de 1865 el presidente lanzó otro manifiesto a la nación desde la capital chihuahuense, donde reiteró su llamado a la defensa de la patria y de la libertad:

> La defensa de la patria y de la libertad es para nosotros un deber imprescindible, porque ella importa la defensa de nuestra propia

dignidad, del honor y dignidad de nuestras esposas y de nuestros hijos, del honor y dignidad de todos los hombres.[115]

En las mismas fechas, escribió a Santacilia: «La dominación de esta República y su pacificación es empresa superior a las fuerzas del austríaco. El tiempo y nuestra constancia lo derrotarán al fin».[116]

En otra carta a Santacilia, le encarga a su familia y le pide que la educación de sus hijos sea liberal, que aprendan a pensar:

> Suplico a usted no los ponga bajo la dirección de ningún jesuita ni de ningún sectario de alguna religión; que aprendan a filosofar, esto es, que aprendan a investigar el por qué o la razón de las cosas, para que en su tránsito por este mundo tengan por guía la verdad y no los errores y preocupaciones que hacen infelices y degradados a los hombres y a los pueblos.[117]

En febrero de 1865, Juárez se enteró de que su hijo José, a quién de cariño le decía el Negrito, su consentido, había muerto en Nueva York en diciembre de 1864. Las cartas que escribe a Santacilia son desgarradoras; así le expresa su profundo dolor:

> Mi querido Santa: Escribo a usted bajo la impresión del más profundo pesar que destroza mi corazón, porque Romero, en su carta del día 14 de noviembre próximo pasado, que recibí anoche, me dice que mi amado hijo Pepe estaba gravemente enfermo y como me agrega que aun el facultativo temía ya por su vida, he comprendido que solo por no darme de golpe la funesta noticia de la muerte del chiquito, me dice que está de gravedad, pero que realmente mi Pepito ya no existía, ya no existe ¿no es verdad? Ya considerará usted todo lo que sufro por esta pérdida irreparable de un hijo que era mi encanto, mi orgullo, mi esperanza. Pobre Margarita, estará inconsolable. Fortalézcala usted con sus consejos para que pueda resistir este rudo golpe que la mala suerte ha descargado sobre nosotros y cuide usted de nuestra familia. Adiós, hijo mío, reciba usted el corazón de su inconsolable padre y amigo. Benito Juárez. Dispense usted los borrones porque mi cabeza está perdida.[118]

Reitera su dolor a Santacilia en febrero:

> No nos queda más consuelo que sentir juntos y llorar juntos nuestras desgracias, que son mutuas [...] Es mucho lo que sufre mi espíritu y apenas tengo energía para sobrellevar esta desgracia que me agobia y que casi no me deja respirar. Murió mi adorado hijo y con él murió también una de mis bellas esperanzas. Esto es horrible, pero que ya no tiene remedio. Ahora me aflige la salud de Margarita que no es buena.[119]

Y en otra carta fechada en marzo escribe a Santacilia su sufrimiento personal y también reitera su convicción de defender los derechos de México y no enajenarlos para las generaciones futuras de la nación:

> Yo aún sufro y seguiré sufriendo, porque los sentimientos naturales del corazón no pueden extinguirse por mucho que nos empeñemos en sofocarnos con la reflexión y con la energía de nuestra voluntad. Solo la familia y la amistad pueden mitigarlos algún tanto, sintiendo con nosotros nuestras penas y fortaleciéndonos con sus palabras de consuelo. Es todo lo que puede endulzarnos esta vida tan llena de amargos sufrimientos [...]
>
> Que el enemigo venga y nos robe, si tal es nuestro destino; pero nosotros no debemos legalizar un atentado entregándole voluntariamente o que nos exige por la fuerza. Si la Francia, los Estados Unidos o cualquiera otra nación se apodera de algún punto de nuestro territorio y por nuestra debilidad no podemos arrojarlo de él, dejemos siquiera vivo nuestro derecho, para que las generaciones que nos sucedan lo recobren. Malo sería dejarnos desarmar por una fuerza superior; pero sería pésimo desarmar a nuestros hijos privándolos de un buen derecho que, más valientes, más patriotas y más sufridos que nosotros, lo harían valer y sabrían reivindicarlo algún día.[120]

Su fortaleza no aminoró a pesar de todas las desgracias, sus convicciones patrióticas y su carácter de hombre de Estado fueron fundamentales para enfrentar la mayor crisis vivida por el país en toda su historia.

Por su parte, en ese año de 1865, Maximiliano se dedicó a legislar, mientras Bazaine creó una policía política para vigilar a los conservadores que se oponían a la política liberal del emperador, estipulada en los artículos secretos del Tratado de Miramar. En el momento más radical de su política liberal, ratificó de facto las Leyes de Reforma dadas por Juárez, dictó las leyes de tolerancia de cultos y respetó a los adjudicatarios de los bienes nacionalizados del clero. Maximiliano consideraba que con declarar al catolicismo religión de Estado, la Iglesia debía darse por satisfecha, y aceptar la libertad de cultos. Labastida y Munguía protestaron, pero él siguió adelante.[121]

En su visita a Querétaro, el emperador regañó a los miembros del clero por no atender a la población, ya que muchos habían abandonado sus parroquias desde la guerra civil. Se enteró de que las autoridades habían prohibido la canción de «Los Cangrejos», compuesta por Guillermo Prieto para burlarse de los conservadores. Levantó la prohibición e hizo que se tocara públicamente.[122]

El príncipe austríaco había redactado con Carlota una Constitución para su imperio, cuyo original se encuentra en los archivos de Viena, escrita con el puño y letra de la emperatriz. Quería convocar a un Congreso para que la discutiera y aprobara. Sin embargo, recibió una carta de su patrocinador Napoleón III, señalándole que no era momento para convocar ningún Congreso, sino para pacificar el país acabando con los republicanos y que lo que debía establecer era una dictadura liberal.

permitidme insistir sobre un punto. No es la libertad parlamentaria con la que se regenera un país que es presa de la anarquía. Lo que hace falta en Méjico es una dictadura liberal, es decir, un poder fuerte que proclame los grandes principios de la civilización moderna, tales como la igualdad ante la ley, la libertad civil y religiosa [...] En cuanto a la constitución, esta deberá ser obra del tiempo y creo que, prometida y elaborada, no deberá ser aplicada sino dentro de algunos años, cuando el país esté pacificado y el gobierno bien establecido.[123]

Por lo tanto, Maximiliano no convocó a ningún Congreso y estableció el Estatuto Provisional del Imperio, en el que la soberanía recae en la persona del emperador.

Ese año, 1865, murió Leopoldo I, padre de Carlota, y le sucedió Leopoldo II, hermano de la emperatriz. Napoleón pretendió la anexión de Bélgica, mas fracasó en el intento.

En Estados Unidos concluyó la Guerra de Secesión y fue asesinado el presidente Lincoln sucediéndolo Andrew Jackson. El representante de Francia en Estados Unidos, el marqués de Montholon fracasó en sus gestiones para que Washington reconociera el Imperio mexicano. El gobierno estadounidense reiteró que no reconocía más autoridad legítima en México que la del gobierno constitucional de Juárez y planteó a Francia la desocupación militar del país.

En esta coyuntura decisiva para México, el Congreso de Colombia hizo un reconocimiento al presidente Juárez, por su lucha en defensa de la independencia y soberanía del país. Declaró que merecía el bien de América y decretó que su efigie se colocara en la Biblioteca Nacional colombiana, como ejemplo para las generaciones por venir. [124]

Cuando Juárez recibió el reconocimiento de la hermana República de Colombia, le comentó a Santacilia sus impresiones:

> He visto el decreto que me consagra el Congreso de Colombia. Yo agradezco este favor, pero no me enorgullece porque conozco que no lo merezco, porque realmente nada he hecho que merezca tanto encomio; he procurado cumplir mi deber y nada más.[125]

Cabe destacar la importancia de la correspondencia con quien era su más cercano amigo, Pedro Santacilia. En ella podemos constatar las ideas, convicciones y los sentimientos más íntimos de nuestro personaje.

Prácticamente todos los países de América Latina reconocieron la trascendencia que tenía la lucha de México contra la Intervención Francesa, para poner un alto a las intervenciones imperialistas europeas sobre las nuevas naciones americanas. Solamente Guatemala y Brasil reconocieron al Imperio, el vecino del sur por las diferencias limítrofes sobre el Soconusco y el país sudamericano por obvias razones, al ser una monarquía.

Los países latinoamericanos instaron al gobierno estadounidense a hacer efectiva la aplicación de la Doctrina Monroe. Cabe recordar que Estados Unidos se había declarado neutral cuando inició la Intervención Francesa en México. En la correspondencia de Matías Romero, representante del gobierno constitucional en Washington, consta la serie de protestas que presentó para quejarse de cómo se rompió la neutralidad al vender armamento al ejército francés, mientras no se permitía a los mexicanos adquirirlo.

Durante la Guerra de Secesión, Estados Unidos temió que Napoleón quisiera intervenir en su conflicto interno, por eso violó la neutralidad. Matías Romero, que había sido optimista cuando el Partido Republicano llegó al poder con Abraham Lincoln, después de cómo había tratado a México Polk, que era demócrata, acabó convencido de que tanto demócratas como republicanos eran iguales en sus relaciones con México: no tenían amigos, solo intereses.

El presidente Juárez por su parte, actuó atinadamente apoyando a la Unión, sin hacer caso de las ofertas de los confederados esclavistas del sur que buscaron su apoyo. Como mencionamos, terminada la guerra civil, Estados Unidos manifestó su desacuerdo con la intervención y no reconoció el Imperio.

Entretanto, Maximiliano continuó legislando todo el año de 1865. Decretó una nueva división territorial para el país en 50 departamentos de acuerdo con sus características geográficas, conforme con el estudio de Manuel Orozco y Berra. Promulgó una ley de inmigración para incrementar a la población, incluso invitó a los sureños esclavistas estadounidenses a venir a México, al mismo tiempo que decretó la liberación de los peones acasillados por sus deudas en las haciendas, por contradictorio que esto parezca.

Decretó también la Ley del Registro Civil y la de Instrucción Pública; estableció que esta debía ser gratuita y obligatoria. Clausuró también la Universidad Pontificia. Inauguró una estatua en honor de Morelos en la plaza Guardiola. Publicó la colección de todas sus leyes y decretos, en los que incluyó una abundante legislación marítima de la que el país carecía y que era necesaria dada la dimensión de sus litorales. Cabe mencionar que Maximiliano siempre soñó con ser marino, por eso amuebló su Castillo de Miramar como si fuera un barco y construyó un balcón viendo al Adriático como si fuera la proa.

Finalmente, con el argumento de que el presidente Juárez había abandonado el territorio nacional, y que por tanto ya no existía la República, el 3 de octubre de 1865 decretó la pena de muerte para todo aquel que se encontrará en armas. Con esta ley draconiana se pretendía acabar con la resistencia republicana, y en efecto fueron ejecutados ilustres generales liberales, como Carlos Salazar y José María Arteaga, fusilados el 21 de octubre, entre otros.

Al mismo tiempo, generales franceses como Charles Louis Desiré Dupin, experto en combatir guerrillas, arrasaba las poblaciones que apoyaban a los republicanos. Sus acciones sanguinarias hicieron que Maximiliano pidiera a Napoleón que lo retirara de México, pero el emperador francés le respondió que era necesario.

Gracias al embajador Walter Astié-Burgos, conocimos a fines del siglo pasado la obra del científico danés Eric Eggers, quien en su juventud vino con las tropas francesas de intervención como pagador del ejército. Por ello recorrió las diferentes zonas ocupadas del país. Eggers describe en su obra las acciones de Dupin, Neigre y otros militares franceses, quienes, como todos los ejércitos de ocupación, violaron todos los derechos humanos.[126]

La población mexicana que primero había recibido a los franceses con guirnaldas como salvadores de la religión, supuestamente perseguida por Juárez y los liberales puros, vio sorprendida las diferencias e incluso los enfrentamientos entre el ejército intervencionista y los miembros de la Iglesia. Sufrió despojos y todo tipo de vejaciones y acabó rechazando a los invasores a quienes llamó despectivamente *franchutes*. Fue entonces cuando volvieron sus ojos a los republicanos juaristas que eran como ellos, mexicanos.

Así, la lucha contra la Intervención Francesa se convirtió en un factor de integración, que no se dio con la invasión de conquista territorial de Estados Unidos. Como se recordará, entonces hubo estados que no sólo no participaron en la guerra ni con hombre ni con dinero, y que incluso pensaron en anexarse el vecino del norte, como fue el caso de algunos yucatecos, como el padre de Justo Sierra Méndez, Justo Sierra O'Reilly. En cambio, la ocupación francesa afectó a todas las zonas del país y tuvo una estancia prolongada de más de cinco años.

Desde Paso del Norte, Juárez no desmayó en la lucha y escribió a Santacilia: «Todo lo que México no haga por sí mismo para ser libre no debe esperar, ni conviene que espere que otros gobiernos u otras naciones hagan por él».[127]

Al final del año de 1865, la familia Juárez Maza sufrió otra pérdida, murió su hijo Antonio, en Nueva York. El presidente le escribió la siguiente carta a su querida esposa:

> Mi muy amada Margarita: Te supongo llena de pesar por la muerte de nuestro tierno hijo Antonio como lo estoy yo también. La mala suerte nos persigue; pero contra ella qué vamos a hacer; no está en nuestra mano evitar esos golpes y no hay más arbitrio que tener serenidad y resignación. Sigue cuidando a los hijos que nos quedan y cuídate tú mucho. Procura distraerte y no fijes tu imaginación en las desgracias pasadas y que ya no tienen remedio. Yo sigo sin novedad y no tengas cuidado por mí ni hagas caso de las noticias malas que esparcen los enemigos [...] Abraza a Nela, a las muchachitas y a Beno y recibe el corazón de tu esposo que te ama y no te olvida.[128]

Margarita Maza le responde:

> Mi estimado Juárez: Te pongo esta carta para decirte que todos estamos buenos y por tu última carta de 29, hemos visto con gusto que tú estás lo mismo; yo estoy sin ninguna enfermedad, pero la tristeza que tengo es tan grande que me hace sufrir mucho; la falta de mis hijos me mata, desde que me levanto los tengo presentes recordando sus padecimientos y culpándome siempre y creyendo que yo tengo la culpa (de) que se hayan muerto; este remordimiento me hace sufrir mucho y creo que esto me mata; no encuentro remedio y solo me tranquiliza, por algunos momentos,

que me he de morir y prefiero mil veces la muerte a la vida que tengo; me es insoportable sin ti y sin mis hijos; tú te acuerdas el miedo que le tenía a la muerte, pues ahora es la única que me dará consuelo. No culpo que muchas personas se maten cuando pierden la esperanza de volver a tener tranquilidad; si yo fuera de más valor ya lo hubiera hecho hace un año, ese tiempo llevo de llorar de día y de noche y, de haber perdido la esperanza de volver a tener no digo gusto, tranquilidad de espíritu siquiera, de manera que si Dios no me remedia esto que no me lo remediará porque no me ha de volver a mis hijos, que sería lo único que daría la vida. Me queda otra esperanza y es que tú te reúnas con nosotros; será para mí un gran consuelo.[129]

A pesar de las desgracias, al inicio de 1866 el presidente renueva su confianza en el triunfo y escribe a Santacilia: «El que no espera vencer, ya está vencido».[130]

Exhorta a quienes no estaban en armas a hacer la guerra con la pluma.

En febrero de 1866 llegó a la capital del país el barón de Saillard para notificar a Maximiliano la decisión de Napoleón III de retirar las fuerzas francesas. El emperador envió de inmediato a Almonte a pedir al emperador de Francia que dejara a su ejército tres años más. Sin embargo, Napoleón no cambió su decisión y anunció ante el Congreso de Francia que «la monarquía fundada en la voluntad del pueblo se consolida» y que el ejército francés se retiraría próximamente de México.[131]

Ante semejante anuncio, Maximiliano pensó en abdicar, pero Carlota lo disuadió de hacerlo y partió a ver a Napoleón. Como no pudo convencer al emperador francés para que revocara su decisión, enfermó, sufrió delirios de persecución, creyó que el emperador francés la iba a mandar matar. Fue a ver a Pío IX, le pidió quedarse a dormir en San Pedro. A pesar de los ataques de paranoia, le escribió una carta muy lúcida a Maximiliano, donde le dice que su proyecto de gobierno es el mejor, pero que él no es mexicano. Carlota fue recluida por su hermano Leopoldo II de Bélgica en el Castillo de Bouchout hasta su muerte, el 19 de enero de 1927, y se apropió de su fortuna.

Maximiliano publicó todavía el Código Civil del Imperio mexicano, para denotar su voluntad de gobernar. En ese ambiente, llegó al país otro representante de Napoleón, el general Castelnau y Dano, para convencerlo de su necesaria abdicación.

El emperador se dirigió a Orizaba decidido abdicar, incluso envió su archivo a Austria donde se conserva en el Archivo Nacional, así como algunas de sus pertenencias. Seguramente es por ello que apareció parte de la vajilla en El Salvador, lo que dio pie para que se escribiera una novela inventando que Maximiliano no había sido ejecutado y que murió muchos años después con el nombre de Justo Armas en ese país centroamericano. Lo cierto es que le había comentado a su secretario José Luis Blasio que quería irse a Miramar a escribir sus memorias.

Sin embargo, en Orizaba reunió al Consejo de Ministros y dejó en sus manos la decisión. Algunas fuentes han afirmado que recibió una carta de su madre la archiduquesa Sofía, donde le decía que prefería un hijo muerto que un Habsburgo derrotado. El historiador austríaco Konrad Ratz afirmó que no hubo tal carta. En efecto, no existe el documento; sin embargo, el sentido del honor era importante para los Habsburgo.

El Consejo de Ministros le pidió no abdicar y Maximiliano decidió quedarse. En esta última etapa de su gobierno claudicó de su política liberal, y se puso en manos de la Iglesia y de los conservadores, para caer juntos. Designó al padre Fisher, clérigo de dudosa reputación, principal asesor, y llamó a los generales conservadores Miramón y Márquez, que había enviado fuera del país, para que organizaran al ejército imperial. Este no se había formado antes por la desconfianza de Bazaine y del propio Maximiliano hacia los conservadores clericales. Finalmente aceptó que se reuniera un sínodo para que hiciera el proyecto de concordato que la Iglesia quisiera. Este nunca se realizó ante la caída del imperio.

Conforme se fue retirando el ejército francés, las fuerzas juaristas fueron recuperando terreno. El presidente Juárez se trasladó de El Paso a la ciudad de Chihuahua. Desde Nueva York, Santa Anna le pidió autorización para regresar a México y sumarse al ejército republicano en su lucha contra el Imperio. Desde luego, el presidente no aceptó y le comentó a Santacilia que lo mejor que podía hacer Santa Anna era estar lo más lejos posible del país al que tanto daño había hecho.

Cabe referir que el secretario de Estado de Estados Unidos, William Seward, se había reunido con Santa Anna en Saint Thomas, en enero de 1866, para valorar si era una opción viable en caso de que sucumbiera el gobierno de Juárez. Por esto Santa Anna escribió que el mundo conocía su nombre. Después de ser rechazado por Juárez, ofreció su espada a Maximiliano.

El presidente le escribió al gobernador de Chihuahua, Andrés Viesca:

> No es posible autorizar la impunidad de los traidores que tanto se han distinguido en asesinar a los defensores de la patria. Perdonar a los hombres de esa clase, siendo notorios sus crímenes y siendo muy clara la ley que los condena, sería una falta inexcusable que el gobierno no debe aprobar.[132]

El presidente mantuvo su firmeza, indispensable para consumar el triunfo y lograr la pacificación del país. Las fuerzas republicanas ocuparon Durango, Zacatecas y Guadalajara.

A finales de 1866, ante las gestiones de González Ortega, el Congreso de Estados Unidos analizó los derechos de Juárez y del propio González Ortega a la presidencia, y reiteró su reconocimiento al presidente Juárez. Entretanto, François Castelnau, embajador de Napoleón III, recibió órdenes de retirar a la legión extranjera y a todo aquel que quisiera regresar a Francia. Estados Unidos se manifestó en contra de que vinieran voluntarios austríacos a apoyar a Maximiliano. Bazaine se embarcó en Veracruz con los últimos efectivos del ejército francés en febrero de 1867.

Mientras, Leonardo Márquez había considerado que era mejor resistir en la Ciudad de México. Por recomendación de Miramón, Maximiliano se trasladó a Querétaro para organizar la resistencia imperial y aceptó incluso los servicios de Santa Anna, que no llegaron.

El 2 de abril, Porfirio Díaz tomó la ciudad de Puebla y puso sitio a la Ciudad de México. Al inicio de 1867, el presidente

Juárez trasladó el gobierno a San Luis Potosí. De ahí escribió a Porfirio Díaz:

> Me parece bien que siga usted la regla que ha usado de no fusilar a la clase de tropa que caiga prisionera, ya se componga de mexicanos o de extranjeros [...] En cuanto a los cabecillas prominentes y a los jefes, oficiales y soldados en quienes concurran circunstancias agravantes, debe usarse con ellos todo el rigor de la ley.[133]

El ejército republicano al mando de Mariano Escobedo puso sitio a la ciudad de Querétaro el 6 de marzo. Juárez le escribió a Escobedo que no había que forzar el cerco derramando más sangre, porque el imperio caería solo. Por su parte, Maximiliano le escribió a Juárez pidiéndole que se convocara un Congreso y que este decidiera si optaban por la República o por la monarquía. El archiduque austríaco sabía que se votaría por la República, pero esa sería una salida digna para él.

El presidente ya no contestó a tal misiva, pues sabía que la victoria estaba próxima:

> Los impacientes están dados a Satanás, porque quisieran que en un instante quedara todo terminado aunque los grandes criminales quedaran impunes y sin garantías la paz futura de la nación; pero el gobierno [...] sigue corriendo despacio con el firme propósito de hacer lo que mejor convenga al país, sin que influyan en sus determinaciones la venganza personal, la compasión mal entendida ni amago alguno extranjero, sean cuales fueren los términos con que se quiera disfrazar; hemos luchado por la independencia y autonomía de México y es preciso que esto sea una realidad.[134]

El mismo día que el presidente escribió esta carta, el 15 de mayo de 1867, el ejército republicano tomó Querétaro, poniendo fin al Segundo Imperio. Se ha especulado sobre que el coronel Miguel López había entregado la plaza, traicionando al emperador. No era necesario que nadie entregará la plaza, el Imperio estaba liquidado, los republicanos habían tomado el control del país.

El propio Maximiliano quería que ya concluyera lo que sabía que estaba perdido.

De acuerdo con la ley del 25 de enero de 1862 de los delitos contra la nación, inició el juicio contra Maximiliano, Miramón y Mejía. Leonardo Márquez se quedó en la ciudad de México y se escondió literalmente en la tumba de un cementerio. La princesa Salm-Salm, esposa del representante de Prusia, el príncipe Félix de Salm-Salm, fraguó un plan para que Maximiliano escapara. Al principio este se rehusó; después, al saber quiénes lo iban a juzgar, consideró que no tenían el nivel para hacerlo y aceptó la fuga, pero el intento fue descubierto y fracasó.

Los defensores de Maximiliano nombrados fueron Mariano Riva Palacio, Rafael Martínez de la Torre, Eulalio Ortega y Jesús María Velázquez. El Consejo de Guerra dictó la pena de muerte para los enjuiciados. La princesa de Salm-Salm fue a San Luis Potosí a pedir al presidente Juárez el indulto para Maximiliano. El presidente se mantuvo firme y solo pospuso unos días la ejecución, para que los condenados arreglaran sus asuntos. Junto con Maximiliano, fueron juzgados Miguel Miramón y Tomás Mejía.

El emperador de Austria, Francisco José, pidió al gobierno de Estados Unidos que intercediera ante el gobierno de México para que se perdonara la vida al archiduque. También Garibaldi y Victor Hugo pidieron clemencia para Maximiliano. La comunicación del escritor francés llegó un día después de la ejecución; aun así, esta no habría cambiado la decisión.

El presidente tenía que cumplir con la ley, por más que Victor Hugo le pidiera que fuera magnánimo en la victoria. Precisamente para poner un alto a las intervenciones y fortalecer el Estado mexicano, no podían quedar impunes todos los daños que se le habían infligido al país.

El 19 de junio fueron fusilados Maximiliano, Miramón y Mejía en el Cerro de las Campanas de Querétaro. El hecho causó conmoción en Francia y en todas las monarquías europeas. Es justo destacar que Maximiliano murió con dignidad. Gracias a ello, hay una columna en su honor en Schönbrunn y un museo en el Castillo de Hardegg que recuerda su nombre. Quiso ser el nuevo

Quetzalcóatl que salvara a México, pero como le hizo ver Carlota, no podía serlo en el proceso de consolidación de la nación mexicana y de su Estado republicano.

Los restos de Maximiliano salieron de Veracruz rumbo a Europa el 28 de noviembre de 1867 en el Novara, el mismo barco que lo había traído a México, después de haber sufrido mil peripecias. Por ello, su madre lo encontró irreconocible.

CAPÍTULO 6

LA SEGUNDA INDEPENDENCIA DE MÉXICO

Mexicanos: Hemos alcanzado el mayor bien que podíamos desear, viendo consumada por segunda vez la independencia de nuestra patria.

BENITO JUÁREZ, 15 DE JULIO DE 1867

El 21 de junio, Díaz tomó la Ciudad de México. El 15 de julio, el presidente Juárez hizo su entrada triunfal en la capital de la República. Fue entonces cuando dio su célebre manifiesto que ha trascendido nuestras fronteras y se encuentra inscrito en un muro de la Organización de las Naciones Unidas:

> Entre los individuos, como entre las naciones, el respeto al derecho ajeno es la paz.[135]

En el manifiesto destacó que no contrajo ningún compromiso contra la soberanía de la nación, la integridad de su territorio y su Constitución y que su gobierno nunca dejó de existir en el suelo nacional. Concluye que el triunfo lo logró el pueblo, consumando la segunda Independencia de México.

> Mexicanos: Encaminemos ahora todos nuestros esfuerzos a obtener y a consolidar los beneficios de la paz.
>
> Que el pueblo y el gobierno respeten los derechos de todos. Entre los individuos, como entre las naciones, el respeto al derecho ajeno es la paz.

Confiemos en que todos los mexicanos, aleccionados por la prolongada y dolorosa experiencia de las calamidades de la guerra, cooperaremos en lo de adelante al bienestar y a la prosperidad de la nación, que solo pueden conseguirse con un inviolable respeto a las leyes y con la obediencia a las autoridades elegidas por el pueblo. En nuestras libres instituciones, el pueblo mexicano es el árbitro de su suerte.

Con el único fin de sostener la causa del pueblo durante la guerra, mientras no podía elegir sus mandatarios, he debido, conforme al espíritu de la Constitución, conservar el poder que me había conferido. Terminada ya la lucha, mi deber es convocar desde luego al pueblo, para que, sin ninguna presión de la fuerza y sin ninguna influencia ilegítima, elija con absoluta libertad a quien quiera confiar sus destinos.

Mexicanos: Hemos alcanzado el mayor bien que podíamos desear, viendo consumada por segunda vez la independencia de nuestra patria. Cooperemos todos para poder legarla a nuestros hijos en camino de prosperidad, amando y sosteniendo siempre nuestra independencia y nuestra libertad.[136]

Con el afán de restarle mérito a los justos conceptos de Juárez, dichos con sabias palabras, se ha afirmado que estas son las ideas de Immanuel Kant escritas en *La paz perpetua* (1795), como si las ideas tuvieran solo una paternidad. Seguramente leyó a Kant y coincidió con algunas de sus ideas, pero de ninguna manera se trata de un plagio.

En su respuesta al Ayuntamiento de la Ciudad de México, el presidente reiteró que los elogios no le envanecían, porque solo había cumplido con su deber:

Las felicitaciones que me dirige la Ciudad de México, conmueven profundamente mi gratitud y los elogios con que ensalzan mi conducta no me envanecen, porque tengo la convicción de no haber más que llenado los deberes de cualquier ciudadano que hubiera estado en mi puesto al ser agredida la nación por un ejército extranjero. Cumplía a mí deber resistir sin descanso hasta salvar las instituciones y la independencia que el pueblo mexicano había confiado a mi custodia [...]

[...] ni la Constitución ni la independencia han sufrido menos-
cabo a pesar de haber sido terriblemente combatidas. No llego a
México como conquistador; le traigo, no el terror, sino la libertad
y la paz de que deseo comiencen a gozar desde hoy todos los habitantes del país sin distinción alguna y espero que este deseo será
cumplido con el concurso de la nación, a la cual se debe el triunfo
que hoy celebramos.[137]

Y en carta personal a Viesca, le refiere su emoción:

He sentido, en efecto, una emoción indecible al volver a México después de cuatro años de ausencia, porque mi vuelta era el triunfo
de las instituciones republicanas que a costa de tanta sangre con-
quistaron nuestros abuelos.[138]

La defensa del presidente Juárez de la independencia y soberanía
de México fue reconocida por países hermanos de América Latina.

República Dominicana proclamó a Juárez Benemérito de la
América el 11 de mayo de 1867. Perú le otorgó la medalla de honor
(16 de julio de 1867), Argentina le dio el nombre de Benito Juárez
a una población de Buenos Aires (octubre de 1867), y así sucesi-
vamente los países latinoamericanos reconocieron el triunfo de
la República encabezado por Juárez y el fracaso de la intervención
imperialista de Napoleón III.[139] Como se mencionó páginas atrás,
el primer país en hacer este reconocimiento cuando México atra-
vesaba por el momento más difícil con Maximiliano en la capital
y el gobierno republicano itinerante por el norte del país fue Colombia. También hay que destacar la colecta que se hizo en la
población de Copiapó de Chile, para enviar recursos al gobierno
republicano y que pudiera resistir. Estos no pudieron llegar a
manos del presidente Juárez, ya que él se encontraba en el norte
del país.

Sin embargo, el país no se había pacificado y seguía enfren-
tando múltiples problemas. El 27 de julio de 1867, Porfirio Díaz
pidió su retiro del ejército. Tras pláticas, aceptó el mando de la
2.ª División con residencia en Tehuacán, Puebla. El distancia-
miento de Díaz fue motivo de nuevos conflictos.

Benito Juárez. El hombre y el símbolo • 131

En agosto de 1867, al recibir el presidente Juárez al ministro plenipotenciario de Estados Unidos, Marcos Otterburg, le expuso los lineamientos de la política exterior de México que se convertirán en la doctrina que lleva su nombre:

> El principio de no intervención, como una de las primeras obligaciones de los gobiernos, [es] el respeto debido a la libertad de los pueblos y a los derechos de las naciones.[140]

Estos lineamientos están basados en los principios de defensa del derecho a la autodeterminación, la no intervención de potencias extranjeras en los asuntos internos de México, y la igualdad de los Estados que debieran tratarse con estricto respeto a su soberanía. Se desconocieron los tratados internacionales que había firmado el gobierno conservador con los países agresores. Una vez que la República triunfó, el gobierno mexicano no buscó el reconocimiento de ningún gobierno.

Posteriormente, al triunfo de la Revolución, otro estadista, Venustiano Carranza, gran admirador de Juárez, retomó su doctrina ante el acoso internacional que sufrió México para participar en la Primera Guerra Mundial. Con el país incendiado por los movimientos armados que se disputaban el poder y la Expedición Punitiva de Estados Unidos violando la soberanía nacional, Carranza se mantuvo firme con los mismos principios juaristas y no participó en la conflagración mundial:

> Las ideas directrices de la política internacional son pocas, claras y sencillas. Se reducen a proclamar:
>
> Que todos los países son iguales; deben respetar mutua y escrupulosamente sus instituciones, sus leyes y su soberanía;
>
> Que ningún país debe intervenir en ninguna forma y por ningún motivo en los asuntos interiores de otro. Todos deben someterse estrictamente y sin excepciones, al principio universal de no intervención;
>
> Que ningún individuo debe pretender una situación mejor que la de los ciudadanos del país a donde va a establecer, ni hacer de su calidad de extranjero un título de protección y de privilegio;

Nacionales y extranjeros deben ser iguales ante la Soberanía del país en que se encuentran; y finalmente,

Que las legislaciones deben ser uniformes e iguales en lo posible sin establecer distinciones por causa de nacionalidad, excepto en lo referente al ejercicio de la soberanía.

De este conjunto de principios resulta modificado profundamente el concepto actual de la diplomacia. Esta no debe servir para la protección de intereses de particulares, ni para poner al servicio de estos la fuerza y la majestad de las naciones.

Tampoco debe servir para ejercer presión sobre los Gobiernos de países débiles, a fin de obtener modificaciones a las leyes que no convengan a los súbditos de países poderosos.

La diplomacia debe velar por los intereses generales de la civilización y por el establecimiento de la confraternidad universal.[141]

Las doctrinas Juárez y Carranza tienen su corolario en la Doctrina Estrada. El canciller Genaro Estrada, en 1930, durante la presidencia de Pascual Ortiz Rubio, ante los conflictos en Argentina, Perú, República Dominicana y Bolivia, señaló que México no reconoce ni desconoce los gobiernos que cada nación decida darse en respeto a su derecho soberano, que solamente retirará a su personal diplomático cuando lo considere adecuado, sin que esto signifique una ruptura de relaciones:

el gobierno de México se limita a mantener o retirar, cuando lo crea procedente, a sus agentes diplomáticos y a continuar aceptando, cuando también lo considera procedente, a los similares agentes diplomáticos que las naciones respectivas tengan acreditados en México, sin calificar, ni precipitadamente ni a posteriori, el derecho que tengan las naciones extranjeras para aceptar, mantener o sustituir a sus gobiernos o autoridades.[142]

En carta al gobernador de Sonora, el presidente Juárez expresó su confianza en que en el futuro se respetarían los principios de no intervención y autodeterminación de los pueblos: «Espero que de hoy en más no pretenderán los gobiernos extranjeros mezclarse en los asuntos domésticos de nuestro país, que no necesita [...] de tutela para marchar».[143]

Los principios contenidos en la doctrina Juárez se incorporaron a la Constitución que nos rige en 1988 en su artículo 89. México es de los pocos países que tienen estipulado en el texto constitucional los lineamientos a seguir en su política exterior.[144] Margarita y sus hijos regresaron de Estados Unidos. La esposa del presidente fue recibida apoteóticamente en Veracruz. Juárez inició la reorganización del país. Una de las primeras medidas que tomó fue decretar la reducción de las Fuerzas Armadas de 80 mil a 20 mil soldados, suspendió además las facultades políticas a los jefes militares y estableció el sistema para su rotación. Había que evitar que el militarismo se entronizara de nueva cuenta en el país y establecer un gobierno civil, de instituciones.

A continuación, el presidente procedió a convocar elecciones. Al mismo tiempo quería consultar a la población si facultaba al Congreso para obviar trámites para reformar la Constitución. ¿Cuáles eran las reformas constitucionales que proponía el Ejecutivo? Quería establecer un régimen bicameral y dar representación a los estados por medio de la creación del Senado; que el Ejecutivo tuviera derecho de veto en relación con las leyes aprobadas por el Congreso; que las relaciones entre el poder ejecutivo y el legislativo fueran por escrito. También consideró necesario prever la sustitución provisional del Ejecutivo en caso de que faltaran el presidente y el presidente de la Corte. Por otra parte, los eclesiásticos y los funcionarios podrían ser electos diputados. También se establecerían las normas para que quienes apoyaron al Imperio recuperaran sus derechos ciudadanos.

Analicemos qué pretendía el presidente con estos cambios. En primer lugar, hacer las reformas constitucionales a la brevedad para poder pacificar al país y enseguida establecer un equilibrio entre los poderes que dotara de más facultades al ejecutivo ante la situación que imperaba en el país después de una década de guerra civil e intervención extranjera. También prever la sustitución del ejecutivo para evitar caer en el caos e iniciar la reconciliación del país, con los monarquistas y el clero.

Cabe destacar que estaba pidiendo que se facultara al Congreso sin que se tuviera que esperar a que se reestableciera la paz en todo el país, para que todas las entidades federativas pudieran elegir a sus Congresos estatales, ya que no se podía predecir cuánto tiempo llevaría ese proceso de pacificación. Hay que subrayar que estaba pidiendo facultar al Congreso, no al Ejecutivo, no a él.

Así pues, en el artículo 1.° inciso IX, de la convocatoria a elecciones se pedía a los votantes su autorización:

> acerca de si podrá el próximo Congreso de la Unión, sin necesidad de observar los requisitos establecidos en el artículo 127 de la Constitución Federal, reformarla o adicionarla sobre los puntos siguientes [...]:
>
> Primero. Que el Poder Legislativo de la Federación se deposite en dos Cámaras [...]
>
> Segundo. Que el Presidente de la República tenga facultad de poner veto suspensivo a las primeras resoluciones del Poder Legislativo [...]
>
> Tercero. Que las relaciones entre los Poderes Legislativo y Ejecutivo [...] no sean verbales, sino por escrito [...]
>
> Cuarto. Que la Diputación [...] tenga restricciones para convocar al Congreso a sesiones extraordinarias.
>
> Quinto. Que se determine el modo de proveer a la sustitución provisional del Poder Ejecutivo, en caso de faltar a la vez el Presidente de la República y el presidente de la SCJN [...]
>
> El Artículo 15, establece que, según la reforma al artículo 3.° del decreto del 16 de julio de 1864, en las elecciones de diputados al Congreso de la Unión no subsisten las restricciones al derecho electoral: no se exigirá requisito de vecindad y podrán ser electos diputados, tanto ciudadanos que pertenezcan al estado eclesiástico, como funcionarios a quienes excluía el artículo 34.° de la Ley Orgánica Electoral.
>
> También establece las circunstancias en que las personas que colaboraron o reconocieron al imperio, recuperarán sus derechos como ciudadanos.[145]

Como se puede apreciar, se trataba de una consulta para habilitar al Congreso para llevar a cabo una reforma constitucional acerca de la cual resultaba imposible aplicar lo dispuesto por el artículo 127. Este precepto decía lo siguiente:

> La presente Constitución puede ser adicionada o reformada. Para que las adiciones o reformas lleguen a ser parte de la Constitución se requiere que el Congreso de la Unión, por el voto de las dos terceras partes de sus individuos presentes acuerde las reformas o adiciones, y que estas sean aprobadas por la mayoría de las legislaturas de los estados. El Congreso de la Unión hará el cómputo de los votos de las legislaturas y la declaración de haber sido aprobadas las adiciones o reformas.

En las condiciones imperantes resultaba imposible que se votara en las legislaturas de los Estados por la muy comprensible razón de que una gran parte del país no se había pacificado, y por la situación prevaleciente no era posible la celebración de elecciones locales para integrar los Congresos respectivos. Lo que se planteaba en la convocatoria era una norma extraordinaria de habilitación para que el Congreso analizara los puntos propuestos y resolviera con libertad lo conducente. No se le imponía al Congreso una decisión, ni se engañaba al pueblo haciéndolo votar de manera directa por un proyecto de reformas constitucionales.

Como ya se dijo, al triunfar la República, la Constitución de 1857 recuperó también su plena observancia: «[...] no perderá su fuerza y vigor [incluso con motivo de] alguna rebelión, [y que] tan pronto como el pueblo recobr[ara] su libertad, se restablecería su observancia [...]».[146]

El presidente, lejos de haber desconocido el orden constitucional, se esforzó por restablecerlo y lo consiguió. No obstante, se desató una fuerte oposición dentro de las propias filas liberales, en el Congreso y en la prensa.

Cuando la Constitución de 1857 se promulgó, el presidente Comonfort, antes de dar el golpe de Estado, argumentó que no podía gobernar con una Constitución que lo dejaba maniatado en el momento que estaba iniciando una guerra civil. Hay que recordar que antes del desconocimiento de la Constitución por parte del propio presidente, los conservadores encabezados por Haro y Tamariz y financiados por el entonces obispo de Puebla, Pelagio Antonio Labastida y Dávalos, se levantaron en armas para derrocar al gobierno liberal emanado de Ayutla. La Constitución de 1857 otorgó, en efecto, preeminencia al Legislativo sobre el Ejecutivo. Era un Congreso muy fuerte, de una sola Cámara y el Ejecutivo no tenía derecho de veto.

Después de lo que el historiador Miguel Galindo y Galindo ha llamado «La Gran Década Nacional» de 1857 a 1867, donde el país se había dividido en dos gobiernos, con el fusilamiento de Maximiliano había caído el imperio, pero el país no estaba en paz. Siguió habiendo movimientos armados. De hecho, esto fue así desde 1867 hasta la muerte del presidente Juárez en 1872.

Había gavillas de conservadores en diferentes zonas del país. Desde 1868, Carlos Sánchez Navarro había fraguado un plan para derrocar al gobierno juarista en caso de que no otorgara la amnistía. En 1869 Sánchez Navarro replanteó lo que había sido el plan de Fischer de invadir México desde la frontera norte con mercenarios estadounidenses.[147] Finalmente, este plan no se realizó. Sin embargo, había bandoleros que asaltaban por doquier.

También había levantamientos militares, primero de los partidarios de González Ortega. El general Miguel Negrete se levantó en 1868 y en 1869 Trinidad García de la Cadena. Después vinieron los pronunciamientos de los partidarios de Porfirio Díaz, tanto en Monterrey como en Zacatecas, en Puebla y en Oaxaca. La paz no se podía establecer de un día para otro después de diez años de guerra y casi medio siglo de inestabilidad política con un Estado en proceso de construcción.

Sebastián Lerdo de Tejada, ministro de Relaciones y Gobernación desde 1863 explicó en una carta a los gobernadores las razones para reformar la Constitución.[148] Señaló que se trataba de equilibrar a los poderes, que ya no se requería un Legislativo más fuerte que el Ejecutivo, porque ya se habían dado las Leyes de Reforma.

Por su parte, Juárez explicó por qué consideraba que había que regresarle sus derechos políticos al clero. En carta a Clemente López escribió que ya se había derrotado a la Iglesia como institución política, y en un acto del más puro liberalismo, afirmó que los miembros del clero también eran mexicanos, y por tanto podrían ser votados:

> el voto activo lo tiene el clero por la misma Constitución [...] concederle el pasivo, es porque ha juzgado esa concesión como lógica, atendida la naturaleza de muchas doctrinas republicanas.
>
> Nosotros queremos la libertad completa de cultos; no queremos religión de estado y debemos, por lo mismo, considerar a los clérigos —sea cual fuere su credo religioso— como simples ciudadanos, con los derechos que tienen los demás.[149]

El presidente también explicó por qué consultar al pueblo sobre facultar al Congreso para hacer las reformas a la Constitución, al mismo tiempo que las elecciones, y argumentó que no podía haber nada más democrático que recurrir al voto del pueblo.

Regresar los derechos políticos a la Iglesia era arriesgado, como expresó Ignacio Ramírez: «los enemigos de las libertades están siempre al asecho».[150] Lo afirmado por Ramírez quedó de manifiesto en la Guerra Cristera contra el gobierno de Lerdo de Tejada, cuando dio rango constitucional a las Leyes de Reforma, y posteriormente en la oposición de la institución eclesiástica a la Revolución, a la Constitución de 1917, y en su participación en la Guerra Cristera de 1926 a 1929.

La oposición a la consulta plebiscitaria que no estaba contemplada en la Constitución fue tan fuerte en la prensa y en el Congreso que el presidente Juárez desistió de su iniciativa. Diferencias ideológicas y generacionales dividieron a los liberales. Ya que no logró que se hicieran las reformas constitucionales, el presidente tuvo que recurrir a facultades extraordinarias cuando las circunstancias lo requirieron.

CAPÍTULO 7

LA CONSOLIDACIÓN DEL ESTADO MEXICANO REPUBLICANO Y LAICO

Entre los individuos, como entre las naciones, el respeto al derecho ajeno es la paz.

BENITO JUÁREZ, 15 DE JULIO DE 1867

Se realizaron las elecciones primarias el 22 de septiembre y las secundarias el 7 de octubre de 1867. Los candidatos a la presidencia fueron Benito Juárez, Porfirio Díaz y González Ortega. El historiador José C. Valadés, en su obra *El pensamiento político de Juárez*, analiza las personalidades de los dos oaxaqueños y el respeto por la autoridad del pueblo zapoteca. En efecto, Juárez asumió su papel de jefe del Ejecutivo en todas sus dimensiones, incluida la solemnidad de su vestimenta, siempre de negro. Se quedó en el imaginario colectivo una imagen hierática que ha sido plasmada por diversos artistas hasta el presente. Incluso se acuñó el dicho «Lo que el viento a Juárez», para denotar que era inconmovible. Sin embargo, en su correspondencia con su esposa, constatamos su sensibilidad, su ternura y hasta su gusto por el baile.

Lo que separó a Juárez y a Díaz fue el militarismo del segundo, contrario a la esencia del pensamiento juarista que, así como se opuso al clericalismo, rechazó igualmente el militarismo. Por esa razón, hizo todo lo que estuvo a su alcance, incluso reelegirse por segunda vez, para que no llegara un hombre de armas al poder. Había vivido las arbitrariedades de Santa Anna y estaba convencido de que el gobierno, como la sociedad, debían ser civiles.

Juárez triunfó en las elecciones, en la que fue su primera ree-lección. Conviene tener presente el resultado de la elección pre-sidencial: de los 10 380 electores que participaron, 7 422 votos fueron para Benito Juárez; 2 709 para Porfirio Díaz,[151] y 57 para Jesús González Ortega.

Hay diversas cartas a amigos y colaboradores, donde comenta su reelección. Al cubano Domingo Goicuria le escribe:

> Si yo hubiese consultado exclusivamente mi interés personal, me habría retirado a la vida privada después de terminada la lucha contra los invasores que pretendieron destruir nuestras institu-ciones; pero he juzgado mi deber trabajar por la reconstrucción del país en el puesto en que ha querido colocarme nuevamente el voto de la nación.[152]

En su toma de posesión de la presidencia, el 25 de diciembre de 1867 señaló: «Como hijo del pueblo, nunca podría yo olvidar que mi único título es su voluntad, y que mi único fin debe ser siem-pre su mayor bien y prosperidad».[153]

Inició una política de reconciliación con quienes habían par-ticipado en la intervención, ya fuera formando parte de la admi-nistración o del ejército imperial. La confiscación de propiedades prevista por la ley se cambió por sanciones pecuniarias y las penas de prisión se conmutaron por otras menos severas.

El 8 de diciembre de 1867, Francisco Zarco señaló: «El gobier-no republicano no ha sido rencoroso ni vengativo, y en el cadalso solo han expirado criminales del orden común, como O'Horán y como Vidaurri, cuya impunidad, de haberse consentido, sería un terrible cargo contra el gobierno».

Profesionistas e intelectuales que habían colaborado en el go-bierno imperial, se reincorporaron paulatinamente a la vida cul-tural y política.

El 19 de noviembre de 1867 se dictó la ley que reglamentó el reconocimiento y la liquidación de la deuda interna; se crearon dos oficinas en la Secretaría de Hacienda para su estudio, acepta-ción y registro. Una de ellas fue la Sección de Estadística Fiscal, que publicaba con regularidad estadísticas económicas, en particular, las fiscales y de comercio exterior. Los que habían servido a la intervención y al imperio perdieron su condición de acreedores; los créditos presentados al imperio perdían su valor; aquellos que desearan revalidar sus títulos, deberían pagar 3% de su valor nominal a la tesorería.[154]

El presidente decretó asimismo la Ley Orgánica de Instrucción Pública (2 de diciembre de 1867), que estableció la enseñanza primaria gratuita, obligatoria y mixta. Para su elaboración, había sido creada una comisión encabezada por el ingeniero Francisco Díaz Covarrubias, con la participación de Gabino Barreda, Pedro Contreras Elizalde, Ignacio Alvarado, Eulalio M. Ortega y José Díaz Covarrubias. Barreda fue quien más influyó en su redacción.

La Ley Orgánica de Instrucción Pública de 1867 era similar a la ley de 1861, pero se le imprimió contenido científico, con el método positivista que Barreda había estudiado en París, con Augusto Comte. Planeó integralmente la educación desde primaria, hasta las instituciones científicas, culturales y profesionales.

La Ley de Instrucción Pública de 1867 destaca que «difundir la ilustración en el pueblo es el medio más seguro y eficaz de moralizarlo y de establecer de una manera sólida la libertad y el respeto a la Constitución y a las leyes».

Se estableció la obligatoriedad de la educación primaria, desde los 5 años, sancionando con suspensión del sueldo a los empleados públicos que no enviaran a sus hijos a la escuela o comprobaran que ya habían concluido sus estudios. El artículo 5.° estableció la gratuidad de la instrucción primaria para los pobres.[155]

Esta ley y su reglamento sirvieron de base a la mayor parte de las entidades federativas para transformar sus sistemas educativos. El 24 de enero de 1868 se emitió el Reglamento de la Ley que estableció que los ayuntamientos promoverían que los hacendados establecieran una escuela de primeras letras en sus propiedades. Habría estímulos por puntualidad y aplicación, para fomentar la asistencia de estudiantes.

El presidente encargó a Gabino Barreda la organización de la educación superior. Barreda fundó la Escuela Nacional Preparatoria (ENP), antecedente de la Universidad Nacional Autónoma de México, el 2 de diciembre de 1867. Sus estudios eran preparatorios para ingresar a la Escuela de Altos Estudios. El 17 de diciembre de 1867, Juárez nombró a Gabino Barreda como el primer director de la ENP.

El primer año escolar de la ENP tuvo una matrícula de novecientos alumnos, doscientos de los cuales eran internos en las instalaciones del Antiguo Colegio de San Ildefonso, que se ocupó como escuela hasta 1980. El plan de estudios contemplaba cinco ciclos anuales. Fuertes controversias entre positivistas, católicos y metafísicos continuaron hasta finales de 1868.

Se recuperó la vida cultural del país. En enero de 1868 se fundó el Conservatorio Nacional de Música. Ignacio Manuel Altamirano inició las veladas literarias y, con Ignacio Ramírez y Guillermo Prieto, fundó el periódico *El Correo de México*.

Sin embargo, las rebeliones armadas continuaban, tanto de los partidarios de González Ortega como de los de Díaz. Ante esta situación, el presidente escribió: «nadie tiene el derecho de apelar a las armas para resolver a balazos las cuestiones electorales, y es un deber de todos acoger y respetar el fallo de las mayorías. De otro modo sería una burla entre nosotros el principio republicano».[156]

En otra carta escribió: «Jamás podrá verificarse, ni aquí ni en ninguna parte del mundo, una elección, sea cual fuere, que sea igualmente agradable para todos; pero deber es y deber sagrado aceptarla cuando cuenta con la sanción y el voto de la mayoría; de otra manera serán una farsa entre nosotros el principio democrático y el gobierno republicano».[157]

En el mismo sentido, señaló: «reconozco en cada ciudadano el derecho de tener ideas propias y emitirlas con entera independencia, sin consideraciones de ningún género, porque solo así serán practicables entre nosotros las sanas doctrinas democráticas que a costa de tanta sangre hemos logrado conquistar».[158]

Es en este contexto que el presidente observó que «las leyes tienen para todo el remedio sin necesidad de apelar a la fuerza».[159] No obstante, también recuerda a Mariano Escobedo que hay que tener toda la «Prudencia, toda la que sea conveniente, pero mucha energía cuando esta sea indispensable».[160]

El 12 de abril de 1868 declaró restablecido el orden constitucional; sin embargo, después se volvió a interrumpir dadas las asonadas militares. Los liberales se habían dividido en tres grupos: juaristas, lerdistas y porfiristas. Ese año, como mencionamos, se levantó el general Miguel Negrete a favor de González Ortega; al año siguiente, el mismo Negrete con otros generales, entre ellos Trinidad García de la Cadena. Y como gobernador de Zacatecas, García de la Cadena se insurreccionó en contra de la reelección de Juárez y ocupó la ciudad de Aguascalientes el 8 de enero de 1870. Los movimientos armados a favor de Díaz continuaron hasta la muerte del presidente Juárez.

El 29 de marzo de 1868, en la clausura del Congreso, el presidente señaló: «una guerra dilatada deja un legado inevitable de elementos que por algún tiempo se agitan por perturbar la sociedad».[161]

El presidente Juárez se empeñó en pacificar al país, sacarlo de la anarquía, acabar con el vandalismo y la miseria en la que se había vivido la primera mitad del siglo XIX ante la falta de consolidación del Estado nacional, que se habían agravado durante los diez años de guerra civil e intervención extranjera.

Tanto en Yucatán como en Chiapas, continuaba la llamada Guerra de Castas. El presidente Juárez decretó la pena de muerte para quienes vendían a los indios mayas a Cuba, donde seguía existiendo la esclavitud. Proseguían también los ataques de indios nómadas en los estados del norte del país. Para remediar esta situación, en su informe de gobierno del 31 de mayo de 1868, señaló: «El establecimiento de colonias en nuestra frontera del Norte podrá ser un medio eficaz para que se resguarden contra las incursiones de los bárbaros, fomentándose y asegurándose el bienestar de aquellos Estados, con el aumento de su población». Además, en Nayarit estaba en armas Manuel Lozada, cacique clerical conocido como el Tigre de Alica, que se había sumado al Imperio.

El 6 de mayo de 1868, el presidente decretó la Ley de Suspensión de Garantías. Ante el desbordamiento del bandidaje, de sublevaciones y motines, el Congreso dio facultades al gobierno para aplicar penas gubernativas por delitos políticos y se reglamentó el procedimiento.

En este contexto, durante todo su período gubernamental en sus discursos de apertura y clausura de sesiones, reiteradamente habló de la necesidad de que hubiera paz. En mayo de 1869 expresó su deseo por que «marche la República por un camino de paz y de verdadera libertad, que son las primeras bases para su engrandecimiento y prosperidad».[162] Y en carta personal escribió: «Solo los medios legales pueden dar un resultado satisfactorio y honroso y las vías de hecho solo sirven para desnaturalizar la causa más justa y para sistemar la anarquía».[163]

Ese año de 1869 se crearon los estados que honran la memoria de los líderes insurgentes Hidalgo y Morelos. El Congreso aprobó la reorganización de las fuerzas rurales para que dependieran de la Secretaría de Gobernación.

El presidente era consciente de que la única forma de sacar adelante al país era por medio de la educación. Se hicieron reformas a la Ley de Instrucción Pública. El 14 de enero de 1869 envió al Congreso la reforma la Ley de Instrucción Pública de 1867, que fue aprobada el 15 de mayo de 1869, reiterando la libertad de enseñanza. Con esta reforma se consiguió facilitar y propagar la instrucción primaria y popular; popularizar y vulgarizar las ciencias exactas y naturales; conservar y perfeccionar la enseñanza secundaria, instalar «escuelas especiales»; reformar la escuela especial de comercio para que sirviera de escuela de administración, y se precisó que los gastos no podían exceder la cantidad asegurada en la ley de presupuesto de egresos.[164]

El presidente Juárez había abordado la importancia de la educación de la mujer, desde que fue gobernador de Oaxaca:

> Formar a la mujer con todas las recomendaciones que exigen su necesaria y elevada misión, es formar el germen fecundo de regeneración, mejora social. Por esto es que su educación jamás debe descuidarse.[165]

Desde que Comonfort había llegado a la presidencia, ocho jovencitas le habían solicitado tener una escuela donde estudiar lo mismo que estudiaban los niños.

Oídnos, señor. En los colegios que paga el Estado se enseña a los hombres a ser matemáticos, mineros, abogados, médicos y militares [...] Fundad [...] un colegio de enseñanza secundaria para las niñas del pueblo [...] la educación de las mujeres es tanto o más importante que la de los hombres.[166]

Y es que a las niñas se les daba solo educación religiosa y lo que se llamaba labores mujeriles, o sea domésticas. De ahí la relevancia de que el presidente Juárez creara la Escuela Secundaria para Mujeres en la ciudad de México y en Toluca en 1869. Las jóvenes podrían estudiar matemáticas, geografía e historia igual que los hombres.

La directora de la escuela, María de Belem y Méndez expresó que iniciaba una nueva era, y así fue; se trató de una verdadera revolución cultural. Veamos sus palabras:

Nada hay más útil e interesante que la educación de la mujer y cada individuo está en el deber de contribuir, de la manera que le sea posible, y en el círculo que le ha tocado, a la grande obra de la reforma social de que tanto necesitamos, y la que indudablemente debe tener principio en la educación de la mujer [...] ninguna [nación] ha alcanzado el refinamiento de la civilización hasta que no se ha ocupado de la mujer.

Es un error creer que las mujeres no están dotadas, como las demás de la especie humana, de las mismas facultades, de las mismas aspiraciones. Medio siglo casi ha transcurrido, desde la [independencia] hasta nuestros días, sin que la sociedad haya hecho nada para mejorar la suerte de la mujer.

La mujer inspira al otro sexo, trasmite sus inclinaciones al niño; es su mentor cuando joven, y luego pasa a ser su amante y compañera.

Las niñas de toda clase que, hayan adquirido en las escuelas primarias los conocimientos elementales de gramática castellana, aritmética, geografía, historia de México, moral, labores de manos, escrituras, permanecerán cinco años al estudio de las matemáticas puras, idiomas, geografía y cosmografía, teneduría de libros, historia universal y de México, cronología, medicina doméstica, jardinería y horticultura, moral, dibujo, música vocal [...]

[Estos conocimientos] serán para las mujeres de todas clases un recurso seguro contra la indigencia, [y] una garantía poderosa en la sociedad.

¡Una nueva era comienza hoy para el sexo débil, y él, agradecido, os consagra una página de gratitud en el libro de nuestra historia![167]

Posteriormente, en el gobierno de Lerdo de Tejada se incorporó la enseñanza de pedagogía y se convirtieron en maestras, primera profesión reconocida por la sociedad para las mujeres.[168]

La Reforma a la Ley de Instrucción Pública del 15 de mayo de 1869 estableció un Museo de Historia Natural; se fortaleció la Biblioteca Nacional y se creó una Academia de Ciencias y de Literatura, con carácter de cuerpo consultivo del gobierno, que organizaría concursos y adjudicaría premios para estimular la investigación científica y el ejercicio de la literatura, aunque esta Academia no se concretó.

En 1870 se fundó la Sociedad de Librepensadores, por escritores del partido liberal: Ignacio M. Altamirano, Justo y Santiago Sierra, Manuel Acuña, entre otros. Nombraron a Victor Hugo presidente honorario y publicaron la revista *El Libre Pensador*, suscitando polémicas religiosas.

En febrero de 1871 iniciaron los cursos libres dominicales de física, química e historia natural para la clase obrera en la Escuela Nacional Preparatoria. Su éxito fue muy comentado en la prensa.[169]

En materia económica, Matías Romero estuvo al frente del Ministerio de Hacienda, y elaboró un presupuesto para reducir el déficit. Para controlar a las autoridades locales, sustituyó el impuesto de papel sellado por el timbre, que amplió la base gravable. La nacionalización de bienes eclesiásticos no sacó al gobierno de la bancarrota, porque se consumió en la guerra, pero dicha legislación contribuyó a la modernización económica. Para estimular la inversión, se ratificaron las concesiones otorgadas por el Imperio al Banco de Londres y a la compañía constructora del Ferrocarril de México a Veracruz, entre otras medidas.

Hacia 1870 la población nacional se aproximaba a los 9 millones; la mayoría se encontraban en zonas rurales, marginadas de las actividades políticas, culturales, educativas y económicas. Como mencionamos, Juárez puso en marcha un programa para poblar las regiones más deshabitadas, en uso de las facultades que otorgaba la Constitución en materia de colonización. Inició las comunicaciones ferroviarias, el 16 de septiembre de 1869 fue inaugurado el tramo de Apizaco a la ciudad de Puebla, que después continuaría hasta Veracruz.

Como señalamos en páginas anteriores, en política exterior, el presidente Juárez estableció lo que se convirtió en la doctrina del Estado mexicano contra la intervención extranjera y en defensa de la autodeterminación de los pueblos, solución pacífica de las controversias y proscripción del uso de la fuerza en las relaciones internacionales.

Dando continuidad a las recomendaciones del insigne diplomático Jesús Terán, se declararon insubsistentes los tratados firmados con los países agresores que habían reconocido al Imperio. El presidente tomó la decisión de no buscar el reconocimiento de su gobierno ni entablar relaciones con los países que habían apoyado al Imperio, hasta que fueran ellos los que lo solicitaran en condiciones equitativas.

Francisco Zarco escribió el 13 de agosto de 1868: «Ningún daño ha causado a nadie la interrupción de las relaciones diplomáticas entre México y las potencias europeas, y los hechos han venido a demostrar que esas relaciones no son indispensables, ni para el desarrollo del comercio, ni para el cambio de ideas entre los pueblos».

Desde el inicio de la vida independiente de México, los diferentes países habían cobrado caro su reconocimiento a cada nuevo gobierno; tratando de sacar el mayor provecho posible. Lo menos que pedían era ser considerado país privilegiado en materia comercial. La Doctrina Juárez es producto de la azarosa historia de nuestro país.

Una vez que la República triunfó, además de, obviamente, no tener relaciones con Francia, Austria y Bélgica, tampoco se tenían con Gran Bretaña y España. En 1874 se establecieron relaciones con Italia, que acababa de lograr su unidad en 1861 y en 1879 con Alemania.

En 1869, Juan Prim se convirtió en el primer ministro de España. Como se recordará, Prim había sido el primero en romper la Triple Alianza en contra de México y en salir del país, pronosticando el fracaso de la Intervención Francesa. Con estos antecedentes hubo un acercamiento para restablecer las relaciones entre México y España. Al respecto, el presidente Juárez le expresó a Prim:

> He tenido y tengo el más sincero deseo de que se restablezcan entre España y México las relaciones de buena amistad, que solo por causa de circunstancias desgraciadas pudieron interrumpirse entre dos pueblos que deben estar siempre unidos con muchos vínculos de cordial fraternidad.[170]

España estaba interesado en restablecer relaciones con México para neutralizar su apoyo a la independencia de Cuba. No obstante, el restablecimiento de relaciones encontró diversos obstáculos. Primero, la situación interna de España, que se encontraba ocupada en la sucesión de la Corona, la que finalmente fue aceptada por el Príncipe Amadeo de Saboya. Después, el asesinato del general Prim dejó en suspenso los trámites. Fue a principios de 1871 cuando el gobierno español reiteró el interés de su país en reanudar relaciones, y a mediados de ese año quedaron formalmente restablecidas.

Al respecto, hay que destacar la simpatía del presidente Juárez y de su familia por la causa de la independencia de Cuba, contraria a los intereses de España. Baste recordar que Pedro Santacilia, amigo entrañable y yerno de Juárez, era cubano, y desde luego independentista. Distinguidos cubanos vinieron a México a apoyar a la República en su lucha contra la intervención y el Segundo Imperio, como fue el caso de Domingo Goicuria.

El último acto público al que acudió Margarita Maza fue el 10 de octubre de 1869, a la ceremonia conmemorativa del primer aniversario del Grito de Yara por la independencia cubana. La esposa del presidente poco pudo disfrutar el triunfo de la República y a su marido. Había llevado una vida azarosa. Años antes, perseguida por los santanistas, mantuvo a su numerosa familia con los recursos generados por su trabajo y además envió recursos a su esposo cuando vivía exiliado en Estados Unidos. Cuando Juárez regresó al país, ella se trasladó con todos sus hijos a Veracruz hasta el triunfo de la guerra civil. Posteriormente, le acompañó en su gobierno itinerante por el norte del país, ante el avance del ejército francés. Hasta que tuvo que salir de Monterrey a Estados Unidos, con su hijo recién nacido, Antonio y toda su familia. Allá fue una digna representante del gobierno de su esposo, e incluso entabló buena relación con el secretario de Estado William H. Seward.

Mujer de temple, fue una compañera fiel y una interlocutora inteligente, como podemos constatar en su correspondencia. Alertaba a Juárez sobre el comportamiento inadecuado de mexicanos en Estados Unidos:

> Figúrate que ya todos se han fijado en que los americanos lo han de hacer todo y, con esa esperanza todos los mexicanos y en particular todos los que vienen aquí, ya no piensan más que en pasearse y no se vuelven (a) acordar de nada. Bien puedes no mandar comisionados para nada porque les cuesta y ellos no hacen nada. González Ortega volvió; aquí está con su esposa y su hijo; ha venido no más a ponerse en ridículo porque no quita el dedo del renglón con la presidencia.[171]

Le prevenía de quienes le iban a traicionar como Vidaurri y creía que Juárez era un confiado por considerar que todos eran de buena índole como él:

> Mi estimado Juárez: Ayer recibí tu cartita de 8 de junio y he visto con gusto que sigues sin novedad y que te preparabas para salir de El Paso (del Norte); esto me tiene con cuidado hasta que yo no sepa que has llegado a Chihuahua no estaré tranquila, porque siempre me temo una sorpresa porque te conozco que eres tú un confiado y no te han de faltar enemigos que tú no conozcas por tu buen corazón y porque nunca crees a nadie capaz de hacer un mal; ten mucho cuidado y procura no ser tan confiado; es una de las cosas

que siempre me tienen muy sobresaltada y pensando tristezas, porque yo creo que tus enemigos han de hacer cuanto esté de su parte por hacerte un mal. Cuídate y ten presente que tú eres el único consuelo y solo la esperanza de volverte a ver me hace tener alguna tranquilidad. Las noticias no pueden ser mejores y creo que nos iremos a México muy pronto; yo quería poderme ir contigo a Chihuahua, pero Santa dice que es muy penoso el camino y yo creo que pronto te irás para Matamoros y entonces nos será más fácil irnos contigo. Recibe muchos abrazos de los chiquitos, de las muchachas grandes no te digo mucho porque todas te escriben; saluda a los señores Lerdo, Iglesias, Goytia, Contreras, Sánchez, Zárate, el compadre Mejía y dime quién de los Garzas está hoy con ustedes. Por aquí está toda esta partida de mulas rematadas como Sosa, Arias, González Ortega, Huerta y demás compañeros, haciendo cuantas diligencias estén a su alcance, pero no las hacen formales y no hacen más que estarse poniendo en ridículo. Adiós, viejo, sabes que te ama y no te olvida y desea verte tu esposa. Margarita.[172]

Evidentemente, no es que Juárez fuera confiado, por las circunstancias que atravesó el país buscó sumar a todos.

Es conmovedora la correspondencia de una pareja que se amaba profundamente. Cuando murieron sus hijos Pepito y Toño, Margarita igual que su esposo escribieron cartas desahogándose. En ellas encontramos también las ideas liberales de Margarita:

la familia [de Matías Romero] no piensa más que en confesarse y ayunar y hablar de jubileo, de indulgencias y una porción de beatitudes que yo me hago esfuerzos para creer y no puedo. La pobre señora es muy buena y su hermana, pero muy cerradas creyendo que todos los protestantes se condenan y solo los fanáticos como ellas se van al cielo. Yo las envidio porque si yo pudiera tener la fe que ellas tienen sería feliz, no que estoy en un estado que nada creo y esto me hace más desgraciada porque si yo creyera que mis hijos eran felices y que estaban en el cielo, no sufriría tanto como sufro.[173]

Cabe mencionar que Justo Sierra refiere que Juárez era católico, pero tenía simpatías por los protestantes, y le comentó que

«Desearía que el protestantismo se mexicanizara conquistando a los indios; estos necesitan una religión que les obligue a leer y no les obligue a gastar sus ahorros en cirios para los santos».[174] Sin embargo, fue hasta el gobierno de Lerdo de Tejada, cuando ingresaron las Iglesias protestantes al país.

Como mencioné, Margarita poco pudo disfrutar del triunfo. Al regresar con sus hijos de Estados Unidos, en Veracruz fue recibida como la madre de la patria, ya que —como bien expresó el presidente— se había consumado la segunda independencia de México. Ya en la Ciudad de México se les veía caminar por la Alameda; sin embargo, a fines de 1869 Margarita enfermó y los médicos le recomendaron estar fuera de la ciudad, se trasladó a San Cosme. Ahora se ha concluido, por los síntomas que tenía, que debió padecer cáncer.

Al inicio de 1870 continuaron los movimientos armados. Insurrectos desconocieron los poderes en Jalisco. Juárez lo lamenta en su correspondencia:

> Siento profundamente el paso extraviado que han dado esos pueblos, porque no es la revolución a mano armada sino los medios legales los únicos que deben emplearse para separar de sus funciones a las autoridades legítimamente establecidas. El arbitrio a que han apelado esos pueblos, [...] destruye en su base las instituciones de la república, reanuda el hilo de los motines que tanto deshonran a nuestro país hasta el extremo de traernos la intervención extranjera y quita toda esperanza de paz para la nación.[175]

También en Morelos se levantaron en armas desconociendo al gobernador y al presidente, a favor de Porfirio Díaz.

Al mismo tiempo, siguió recibiendo elogios, como el del periódico *La Libertad*, a lo que el presidente siempre respondió que no había hecho otra cosa que cumplir con su deber, y reiteró que el triunfo se debió al patriotismo de los mexicanos. En la sesión de clausura del Congreso, repitió que la paz «es la base indispensable para todo progreso social».[176]

Ese año, 1870, el ejército francés fue derrotado por los prusianos y fue el propio Bazaine quien capituló en Metz. Napoleón III fue capturado, cayó el Segundo Imperio y se proclamó la Tercera República encabezada por Jules Favre y León Gambetta. El periódico francés *Le Rappel*, publicó el texto del presidente Juárez, comentando lo sucedido en Francia:

> Si aparta uno la vista de las escenas de matanza y devastación, si logra uno alejar las angustias del presente para mirar y contemplar el futuro infinito, dirá que el espantoso cataclismo que amenaza hundir a Francia es, por el contrario, la señal de su ascenso. Pues está volviendo a su gran vida política, sin la cual una nación, por mucho que valga en la literatura, la ciencia y el arte, es solo un rebaño humano encerrado en el cuartel o en la sacristía, las dos guardias seculares del despotismo que mis amigos y yo hemos estado tratando de destruir en México.[177]

Cabe mencionar en este contexto que el Código Civil de la Federación, redactado por Manuel Martínez de Castro en 1871, estuvo inspirado en la legislación francesa y estableció medidas para proteger a los trabajadores de las fábricas. Ya se había fundado el Gran Círculo Obrero de México, para luchar por el derecho de huelga.

El 2 de enero de 1871 murió Margarita Maza. La irreparable pérdida del presidente fue acompañada por manifestaciones de cariño y solidaridad de la población que salió a las calles, y le acompañó hasta el cementerio, de manera absolutamente espontánea. Fue tal la multitud que incluso hubo lastimados por querer entrar al panteón.[178]

Se suscitó una polémica entre Juan A. Mateos e Ignacio Manuel Altamirano. El primero señaló el hecho de que la Iglesia guardó silencio y no expresó sus condolencias al presidente. Altamirano lo controvirtió, afirmando que fue mejor que la institución eclesiástica se mantuviera al margen, ya que fue la ceremonia de despedida de una republicana laica.[179]

En la apertura de sesiones del Congreso, en abril de 1871, el presidente Juárez hizo votos por avanzar en la reorganización del país, pero lamentó que aún existieran antipatriotas que lo impedían:

> Debemos felicitar a la nación, porque después de un largo período de encarnizada lucha para establecer nuestras libres instituciones y arrimar nuestra independencia, podamos ya consagrarnos tranquilamente a la reorganización y mejoramiento de nuestra sociedad. Sin embargo, no debemos confiar ciegamente en que esas instituciones y la paz están del todo asegurada: existen aún latentes los elementos que las pueden destruir; los partidarios del retroceso y de los abusos acechan la oportunidad para restablecer su antiguo predominio, y es preciso redoblar nuestros trabajos y nuestra vigilancia para contrariar y destruir sus tendencias antipatrióticas.[180]

Estas declaraciones hacían clara alusión a los levantamientos que iniciaron en Tampico y se extendieron a Nuevo León, Zacatecas, Puebla y Oaxaca en favor de Porfirio Díaz.

En la clausura de sesiones del Congreso, el presidente insistió en que:

> la sumisión a los preceptos constitucionales y a las resoluciones que emanaren de cada poder, en el círculo de sus facultades, es la principal garantía del orden público y la única que puede encontrarse para la conservación de nuestras instituciones.[181]

En mayo de 1871 llegó a México el representante de España Feliciano Herrera de Tejada. Como se mencionó, el gobierno español había buscado restablecer las relaciones para neutralizar a México respecto a la independencia de Cuba. El canciller Lerdo de Tejada fue un activo promotor del restablecimiento de las relaciones con el país ibérico, tanto por su empatía hispana como por considerar que esto era conveniente para el país.

En su discurso de respuesta al representante español, el presidente Juárez reafirmó que: «La rectitud y la justicia son ciertamente la base única en que pueden descansar las relaciones amistosas entre dos naciones libres».[182]

Así concluyó el período presidencial de la primera reelección de Juárez, quien decidió reelegirse por segunda ocasión para que Díaz no se apoderara de la presidencia, ya que estaba convencido de que se la quitaría a Lerdo.[183]

Se llevaron a cabo las elecciones. Los tres candidatos a la presidencia volvieron a ser el propio Juárez, Lerdo y Díaz. Ninguno de los tres aspirantes consiguió la mayoría en la primera ronda. El presidente obtuvo casi el doble de votos que Díaz, 6 164 frente a 3 484. Lerdo de Tejada quedó en tercer lugar con 2 905. No obstante, no logró obtener la mayoría absoluta (la mitad de los votos más uno), por lo que el Congreso se erigió en Colegio Electoral, declarando el triunfo del presidente Juárez.

En la apertura de sesiones del Congreso, Juárez reiteró sus deseos de alcanzar la paz para poder avanzar en la infraestructura que requería el país:

> En extender cada vez más la comunicación del pensamiento, en la construcción de vías férreas y canales, en las mejoras materiales de toda especie, sin olvidar una conveniente colonización, es en lo que estriba el porvenir de nuestra patria. Para impulsar estos objetos [es indispensable la subsistencia de la paz....] Reglamentar definitivamente varios puntos relativos al ejército nacional, cuya buena organización es una garantía para la independencia, el orden y las instituciones.
>
> En el ramo de la gobernación, os recomiendo las iniciativas, pendientes de discutirse, sobre reformas a la constitución de la República, que comprenden entre otras importantes enmiendas, la relativa al establecimiento de un senado.[184]

Como seguían los levantamientos porfiristas en diversos estados, el 17 de octubre de 1871 Juárez escribió al general Ramón Corona:

> El gobierno general no debe mezclarse en las cuestiones locales de los estados, sino en los casos previstos por la Constitución, pues solo así obrará de una manera legal sin aparecer parcial y como interesado a favor de determinado partido o de marcada persona, pues toda otra injerencia oficiosa por parte del Ejecutivo no haría más que aumentar las divisiones haciendo menos fácil tal vez la conciliación.[185]

El 8 de noviembre, Porfirio Díaz lanzó el Plan de la Noria con el lema «No reelección» desconociendo al presidente Juárez. Afirmó que su bandera sería la «Constitución del 57 y libertad electoral»; «menos Gobierno y más libertades», su programa, y concluyó con la siguiente afirmación: «Que ningún ciudadano se imponga y perpetúe en el ejercicio del poder y esta será la última revolución».[186]

El levantamiento fue secundado por muchos jefes del ejército; entre ellos, los generales Donato Guerra, Jerónimo Treviño y Francisco Naranjo. Sin embargo, fue derrotado por el general Sóstenes Rocha, en la Batalla del Cerro de la Bufa, en Zacatecas. Después del fracaso, en febrero de 1872, Díaz se embarcó a Estados Unidos bajo el pseudónimo de Antonio Maurim y se estableció en Nueva York, aunque los focos de rebelión seguirían hasta la muerte del presidente.

No obstante, Juárez continuó conciliando a los antiguos enemigos, y al finalizar el año 1871, permitió que regresara a México el arzobispo Labastida. Mientras, el papa Pío IX se declaraba prisionero del Estado italiano en el barrio del Vaticano en Roma, único ámbito de la soberanía papal.

Los ataques al presidente no solo fueron de los movimientos armados de los militares que querían tomar el poder; también circulaban todo tipo de rumores en su contra. En noviembre de 1871 hicieron correr la versión de que el gobierno iba a ceder Sonora a Estados Unidos. Al respecto, Juárez escribió:

> es de todo punto falsa la absurda noticia a que usted se refiere sobre cesión del estado de Sonora a los Estados Unidos y espero que jamás volverá a tener México un gobierno bastante degradado que consienta voluntariamente en ceder a ninguna nación extranjera ni una sola pulgada del territorio nacional.[187]

En su discurso de toma de protesta en diciembre de 1871, el presidente denunció:

> De nuevo, haciendo el mayor empuje que le era posible, acopiando todos los elementos de malestar o descontento privados, reuniendo todas las fuerzas del desorden y el crimen que fermentan en nuestra sociedad, alza el militarismo de otros tiempos su odioso

pendón frente a la bandera de la legalidad, a la bandera sagrada con que se ha salvado la República en sus mayores conflictos. Su fin es demoler la obra consolidada en catorce años de sacrificios inmensos, y volvernos a la época en que una revolución significaba solo el cambio de personas en el poder, dejando siempre el campo abierto a otros aspirantes igualmente afortunados.[188]

Y en clara alusión a Díaz, añadió:

Ningunos antecedentes, ningunos servicios patrióticos estarán nunca a justificar una aberración tan funesta; la nación siempre la condenará como un crimen [...] Sacrificar el orden y las leyes libremente adoptados a los planes, más o menos ilusorios, de un hombre, por muy ameritado que se le suponga, sería hundirnos en una anarquía sin término, arruinar por completo los elementos de prosperidad en el país, destruir quizá para siempre nuestra reputación en el mundo y comprometer en lo futuro nuestra misma independencia.[189]

En abril de 1872, Díaz promulgó el Plan de Ameca en Nayarit, para pactar la paz con el gobierno federal y establecer acuerdos políticos con miras hacia los nuevos comicios. Sin embargo, estos fracasaron.[190]

En vísperas del levantamiento de Díaz, el presidente había escrito a Ramón Corona, uno de sus generales más leales:

Si logramos, como espero, asegurar de una manera permanente el orden y la tranquilidad, habré satisfecho el mayor de todos mis deseos y podré bajar al sepulcro con la convicción que siempre he tenido de que será grande y feliz nuestra patria en lo porvenir.[191]

El 18 de julio de 1872, después de recibir el parte militar de su ministro de Guerra y Marina, Ignacio Mejía, el presidente Juárez murió a las 11:30 de la noche, en su aposento del Palacio Nacional. Su corazón no resistió más, después de las dolorosas curaciones con agua hirviendo que le aplicó su médico, Ignacio Alvarado, intentando salvarle la vida.

La noche en que murió, tuvo un acuerdo con su secretario de Relaciones, José María Lafragua, y recibió el parte militar de la situación del país de Ignacio Mejía. Luego pidió a su familia que se retirara a descansar

La última obra que tuvo en sus manos fue el Curso de historia de las legislaciones comparadas (*Cours d'histoire des législations comparées*, Bruselas, 1838) de Jean Louis Lerminier, erudito francés muy reconocido en el siglo XIX, dedicado a la filosofía y a la historia del derecho. La obra que leía el Benemérito es una historia del derecho internacional de la que Lerminier solo alcanzó a escribir el tomo correspondiente al Imperio romano, donde compendió sus lecciones en El Colegio de Francia, del que era miembro. Es un volumen extenso (486 páginas) en el que el jurista francés trata con gran detalle la política, el derecho y la cultura en Roma a partir del primer emperador, Augusto, hasta la muerte de Cómodo, sucesor de Marco Aurelio. Se trata del período de formación y fortalecimiento del Imperio romano en el que se consolidó la presencia romana en Europa, incluyendo la actual Inglaterra, y que inició la expansión del cristianismo. Esto era lo que leía el presidente cuando lo sorprendió la muerte. Su hija Manuela marcó la página que estaba leyendo.

Su biznieto, Pablo Prida Santacilia, tradujo del francés las últimas páginas que leyó el Benemérito:

> ¡Ah! qué educación monárquica para esos fieros republicanos. ¡Helos ahí los descendientes de los Escipión, de los Emilio, están de buena fe y el solo recurso del imperio descansa en la virtud de un hombre! ¡Qué abismo! ¡Qué revolución! Es la misma Roma, esos son los mismos romanos, los triunfadores, los Escipión, los Pompeyo, los César, hoy no tienen ya más esperanza que las virtudes de un solo hombre.
>
> Este hombre, rodeado de tantas aclamaciones y de entusiasmos que hacía de tales adelantos, este hombre merecía la estimación de su país, era hombre de acción, era buen soldado, gran general, dormía poco en los tiempos de guerra, era cuidadoso, se le veía desfilar a la cabeza de las tropas; conformándose con el rancho de los soldados, los llamaba por sus nombres, por sus apodos, era amado, adorado; era un compañero este emperador y la

familiaridad de los soldados para con él era una nueva distinción y una muestra de respeto para su grandeza personal.

Entra en Roma, toma el gobierno, que conservará 20 años, al fin respiramos; ese reinado será memorable y glorioso; concurrimos a grandes prosperidades en el orden civil y moral; luego, tendremos nobles expediciones que rememoran antiguos recuerdos, en fin, al lado de la gloria civil y militar, la gloria literaria vendrá a completar este espléndido cuadro: este será el apogeo de la nacionalidad romana; pero después de Trajano no volverá a lucir brillantemente; vendrá el espíritu griego, el espíritu humano, el espíritu cristiano; pero a la gloria romana, a la nacionalidad latina republicana, democrática, aristocrática, cesareana, imperial, a esa le dedicaremos una oración fúnebre.[192]

Estadista en toda la extensión del término, Juárez institucionalizó al poder civil en medio del caos, en un país dominado por la Iglesia y el ejército. Fue el primer civil que se impuso a los militares.

La madrugada del 18 de julio, cada hora sonó el cañón. Guardó silencio cuando el cuerpo del presidente quedó depositado en su tumba. Se reunió una muchedumbre en Palacio Nacional. El Salón de Embajadores fue tapizado de negro y se apuntaló el piso para evitar su hundimiento. Se declaró luto nacional. Hubo un mes de solemnidades en todo el país.

De acuerdo con la Constitución de 1857, Sebastián Lerdo de Tejada asumió interinamente el Ejecutivo, como presidente de la Suprema Corte de Justicia.

El médico Ignacio Alvarado estuvo a cargo del embalsamamiento; el cuerpo del Benemérito fue vestido de negro, con una banda tricolor al pecho y el bastón de mando. En 1871 se habían clausurado los cementerios en los límites urbanos, por lo que el cadáver del presidente Juárez fue el último en sepultarse en el Panteón de San Fernando.

En la ceremonia, José María Iglesias exclamó:

> Muerto Juárez a los sesenta y seis años, deja una memoria imperecedera, no solo en la patria sino en todo el mundo civilizado. Su historia, durante cerca de tres lustros que ejerció el poder supremo, es la historia de México.[193]

EPÍLOGO

Que los hombres somos nada,
que los principios son el todo.

BENITO JUÁREZ, 21 DE MARZO DE 1865

Murió el hombre, nacía el símbolo.

Personaje admirable, Benito Juárez representó la reivindicación de la raza sometida frente a una sociedad racista forjada en trescientos años de coloniaje. Fue el primer indígena en llegar a la máxima magistratura del país. El estadista oaxaqueño gobernó México en el tiempo eje de su historia, cuando se definió su Estado republicano, federal y laico. Consolidó el Estado nacional, entendido como el Estado liberal de derecho.

Hombre inteligente y culto, de gran fortaleza. Fue buen esposo, buen padre, honesto y leal amigo. Un lector infatigable, a quien quisieron incorporar a la Real Academia de la Lengua Española, lo que rechazó señalando que él no hablaba bien el español.[194] Como vimos, murió leyendo una de las obras más recientes de historia del derecho, publicadas en París, epicentro de la cultura de la época.

Las descalificaciones y ataques que sus enemigos le dirigieron en vida se siguen repitiendo hasta el presente, incluso en las redes sociales. Por ello, en el recorrido de su vida, hemos incluidos sus propios textos, no solo sus manifiestos a la nación y sus discursos, que son significativos. Hemos incluido su correspondencia

personal con amigos y familiares, para que el lector pueda constatar lo expresado públicamente y su congruencia a través de su
correspondencia más íntima con su esposa y con su yerno, que
fue su *alter ego*.

En los denuestos a su persona y a su obra se repite hasta la
saciedad, por ignorancia o mala fe, que entregó al país a Estados
Unidos, sin poder probar ninguno de los dichos que en su momento pretendieron desviar la atención sobre la entrega que sí
hicieron del país los conservadores clericales y monarquistas a
Napoleón III. Entre los hechos que se señalan en su contra, destacan la firma del Tratado McLane-Ocampo, la detención en Antón
Lizardo de los buques españoles contratados por Miramón y el
supuesto plan para vender territorio a Estados Unidos. Como puede
verificarse en los documentos correspondientes referidos a lo
largo de esta obra, ninguna de las imputaciones tuvo fundamento.

En carta a Santacilia, en agosto de 1865, Juárez escribió su
posición respecto a Estados Unidos: «Siempre es un buen auxilio
no tener por enemigo a un pueblo vecino y esto nos basta».[195] Fue
consciente de que el gobierno estadounidense no iba a confron-
tarse con Napoleón III por su intervención en México. Al respecto
escribió: «Los lobos no se muerden, se respetan».[196]

La Iglesia, por su parte, ha continuado satanizándolo, cuando
—de acuerdo a fuentes de historiadores católicos, como el jesuita
Jesús Gutiérrez Casillas— la separación entre la Iglesia y el Estado fue benéfica para la institución eclesiástica, porque, cuando
van juntos, caen juntos. Si se nacionalizaron los bienes del clero
fue porque, como les hizo ver en su tiempo el abate Testory, que
vino con el ejército francés: «cuando la Iglesia se convierte en
fortaleza, como fortaleza es tratada y tomada». No obstante, al
triunfo de la República, el presidente Juárez les quiso devolver
el voto pasivo y permitió que regresara su máxima autoridad del
país: el arzobispo Labastida, en un acto de conciliación.

Juárez es el símbolo de la defensa de la independencia y de la
soberanía de la nación frente a la intervención extranjera y también frente a la Iglesia y al ejército.

El 17 de septiembre de 1872, el presidente Sebastián Lerdo
de Tejada mandó a erigir un monumento a Juárez en la Avenida

de Reforma. Debía ubicarse en la actual Glorieta de la Palma; sin embargo, el proyecto no logró concretarse.[197]

En abril de 1873, el presidente presentó la iniciativa para que Juárez fuera declarado Benemérito de la patria, así como para hacerle un monumento funerario y estatua. Finalmente, tanto el mausoleo como la estatua fueron inaugurados por Porfirio Díaz. El mausoleo se terminó en 1880 y fue inaugurado el 18 de julio en su aniversario luctuoso, y la estatua, diez años más tarde, en 1890.

Como presidente, Díaz organizó diversos actos para rendir homenaje al hombre que había combatido. Él fue quien encargó a Miguel Noreña hacer la estatua de bronce que está en Palacio Nacional, entre el primero y segundo patios marianos, y que fue elaborada con la fundición de la artillería que el ejército conservador utilizó en las batallas de Silao (10 de agosto de 1860); de Calpulalpan (22 de diciembre de 1860), y los casquillos de las balas disparadas por los franceses en el sitio de Puebla.

Con motivo del décimo quinto aniversario luctuoso del Benemérito, Díaz organizó una serie de actos para recordar su figura. Develó una placa conmemorativa en la habitación donde Juárez falleció.

> Sí señores, Juárez y sus compañeros coetáneos y precedentes serán nuestros modelos en la vida pública y doméstica y sabremos crear hijos dignos de su linaje, para que sus espíritus puedan contemplar la patria que nos legaron, siempre pacífica y laboriosa.[198]

Escuchar que Díaz, quien estableció una dictadura, afirmara que Juárez era su modelo de vida pública, puede dar pábulo a quienes consideran que, si Juárez no hubiera muerto, habría sido un dictador. El hubiera no existe en la historia, Juárez fue el constructor de las instituciones, no quien se sirvió de ellas para perpetuarse en el poder ni para suprimir las libertades.

¿Por qué el caudillo militar que había escrito en el Plan de la Noria que Juárez quería perpetuarse en el poder y quien se había levantado en armas para derrocarlo lo exaltó a lo largo de su prolongado gobierno? El dictador le hizo a Juárez el más grande homenaje que se ha rendido a un presidente en México: el monumento del Hemiciclo a Juárez, obra del arquitecto Guillermo de Heredia, con esculturas del italiano Alessandro Lazzerini, que fue inaugurado en las fiestas del centenario de 1910. ¿Por qué lo hizo?

Díaz inició la utilización política de Juárez como símbolo. Se ha insistido en que Juárez murió oportunamente porque de otra manera se habría convertido en un dictador y se habría perpetuado en el poder como lo hizo Díaz quien no hizo más que continuar la obra iniciada por Juárez. Tales especulaciones de sus enemigos no entran en el terreno de lo histórico. Sin embargo, podemos constatar las diferencias entre sus gobiernos con los hechos.

Mientras Juárez gobernó con el imperio de la ley y buscó la conciliación, Díaz no solo obtuvo el poder por medio de las armas, sino que reprimió a sus opositores desde su primer gobierno. De ahí que se le atribuye la frase: «Mátenlos en caliente». No existe ningún documento con estas palabras, pero es la interpretación que se dio en el imaginario popular a sus acciones. Cuando llegó al poder, mandó ejecutar a todos los oficiales y el 25% de la tropa de los lerdistas que se sublevaron en Veracruz (este documento sí existe). De ahí en adelante la eliminación de sus opositores fue en aumento, incluso declaró al periodista James Creelman de la *Persons Magazine* que el humo del cañón no era tan malo y reconoció que fue cruel.

Se trato del gobierno de la paz de los sepulcros y el progreso de las élites. No obstante, Díaz exaltó a Juárez como una forma de exaltarse a sí mismo al sumarse al reconocimiento que nacionales y extranjeros otorgaron a Juárez como defensor de la independencia y soberanía del país. Defensa en la que el propio Díaz participó destacadamente en el terreno de las armas. De esta manera quiso ganarse las simpatías no solo de los juaristas, sino el reconocimiento que Juárez había ganado de la población. Díaz inició la utilización política de su símbolo, que sigue hasta nuestros días.

Juárez es el mexicano que trascendió nuestras fronteras cuando aún vivía, y fue reconocido en nuestra América como benemérito. Símbolo hasta el presente del estadista que sacó adelante a la nación, cuando pudo convertirse en un protectorado francés o estadounidense. Fundador de las instituciones del Estado con base en el respeto a la ley, fue el primer abogado de México.

Como escribió el propio Juárez en su respuesta a Maximiliano: «hay una cosa que está fuera de los falsos y perversos, y esta es la sentencia tremenda de la historia. Ella nos juzgará».[199] Y la historia lo ha juzgado y lo ha convertido en el símbolo del patriotismo y del honor.

En 1957, el presidente Adolfo Ruiz Cortines creó el Recinto Homenaje a Benito Juárez en Palacio Nacional. En siete salas se muestran los objetos y documentos del Benemérito; se incluyen artículos de uso personal, fotografías familiares, arreos masónicos, medallas y condecoraciones.[200]

El año de 1972, cuando se cumplió el centenario de su fallecimiento, Luis Echeverría lo declaró el año de Juárez. Al llegar Andrés Manuel López Obrador a la presidencia, puso a Juárez en el centro del emblema de su gobierno.

La historia siempre ha sido utilizada por la política. No obstante, más allá de la posición que todos los gobiernos tienen frente a la historia nacional, o sea de la historia oficial, todos los pueblos del mundo reconocen a quienes han hecho un servicio a la patria. Los convierten en héroes, y en el imaginario colectivo se transforman en símbolos. Prueba de la fuerza del simbolismo juarista es cómo movimientos populares siguen invocando su nombre, utilizando su efigie en sus marchas y manifestaciones. Hay múltiples organizaciones que llevan el nombre del Benemérito, desde las feministas de principios de siglo pasado, como «Admiradoras de Juárez» presidida por Hermila Galindo, hasta innumerables organizaciones actuales de la sociedad civil, así como sindicatos.[201]

Cuando llegó el Partido Acción Nacional al poder, hubo un intento de desjuarización del país. Una comisión formada en la UNAM identificó que se quitó el nombre de Juárez a plazas, calles, escuelas, edificios y monumentos. Incluso se intentó suprimir el nombre de Juárez del Aeropuerto Internacional de la Ciudad de México. Sin embargo, pasó lo que le había ocurrido al propio Juárez al triunfo de la República, cuando pretendió sustituir el Himno Nacional santanista por la Marcha Zaragoza de Aniceto Ortega: no lo logró porque el pueblo ya lo había hecho suyo. Así fracasó el intento de desjuarización al inicio de este siglo.

Daniel Cosío Villegas, en su *Crítica del poder* escribió:

> Si Juárez y su época son materia de tanta controversia, se debe a que el uno y la otra dejaron una huella bien honda en la vida nacional; y si se ha escrito y se sigue escribiendo tanto sobre Juárez es porque, agrade o no, atraiga o rechace, es una figura de toda nuestra historia pues nadie se ocupa de lo insignificante o de lo ordinario [...]
>
> En Juárez se dieron, en una proporción muy finamente equilibrada, el estadista y el político.

Y Cosío Villegas concluye: «admiro a Juárez por su increíble honestidad personal tan natural, tan congénita, que en su época no fue siquiera tema de conversación y mucho menos de alabanza».

Juárez es símbolo de la mexicanidad, representa la cohesión del país, no en torno de la religión, sino de la nación; de la ley y de la Constitución, como fuente de la legitimación del poder y de defensa de la soberanía nacional y del Estado laico.

NOTAS

1 «Gacetilla de *El Siglo Diez y Nueve*», 19 de julio de 1872, en Tamayo, Jorge L. (selección y notas), *Benito Juárez, Documentos, discursos y correspondencia*, tomo 15, capítulo CCCLXIII, México, Senado de la República, INEHRM, UAM-Azcapotzalco, 2017, p. 28. Disponible en: http://juarez.mhiel.mx/docs/Tomo15/Cap27/index.html?page=28

2 Vigil, José María, y Jesús Castañeda, «Editorial de la redacción de *El Siglo Diez y Nueve*», en *ibid.*, tomo 15, capítulo CCCLXIII, p. 28. Disponible en: http://juarez.mhiel.mx/docs/Tomo15/Cap27/index.html?page=28

3 «Carta de Juárez publicada en LE RAPPEL, 18 de diciembre de 1870», en Tamayo, (selección y notas.), *op. cit.*, tomo 14, capítulo CCCXXIII, p. 55. Disponible en: http://juarez.mhiel.mx/docs/Tomo14/Cap25/index.html?page=55

4 «Ezequiel Montes a Porfirio Díaz», 20 de agosto de 1871, en *ibid.*, tomo 14, capítulo CCCXXXVI, p. 51. Disponible en: http://juarez.mhiel.mx/docs/Tomo14/Cap38/index.html?page=51

5 «Discurso pronunciado por el Presidente de la República en la apertura del Congreso de la Unión», en *ibid.*, tomo 14, capítulo CCCXXXV, p. 3. Disponible en: http://juarez.mhiel.mx/docs/Tomo14/Cap37/index.html?page=3

6 «Discurso de protesta de Juárez como Presidente, 1 de diciembre de 1871», en *ibid.*, tomo 15, capítulo CCCXLVII, p. 3. Disponible en: http://juarez.mhiel.mx/docs/Tomo15/Cap11/index.html?page=3

7 Francisco T. Gordillo, en nombre de los masones del Rito Nacional Mexicano; José María Vigil, representante de los periódicos de la capital; José María de Baranda, de la Sociedad Filarmónica Mexicana; Roque Jacinto Morón, de la Sociedad Médica «Pedro Escobedo»; Victoriano Mereles, orador del Gran Círculo de Obreros; el poeta José Rosas Moreno; Gumersindo Mendoza, en representación de la Sociedad de Geografía y Estadística; y los niños Antonio Álvarez y Salvador Martínez Zurita, alumnos del Colegio de Texpan de Santiago.

8 Cfr. Zárate, Julio, «Los funerales del Sr. Juárez», en *ibid.*, tomo 15, capítulo CCCLXIV, p. 3. Disponible en: http://juarez.mhiel.mx/docs/Tomo15/Cap28/index.html?page=3

9 Ives Congar define el *clericalismo* como la «utilización de la influencia que debemos a nuestro sacerdocio y a nuestra misión, en beneficio de las fuerzas políticas». Véase Congar, Ives M., *Sacerdocio y laicado*, España, Edición Estela, 1964, p. 47.

10 El náhuatl ocupa el primer lugar; el maya, el segundo; el tzeltal, tercero; el mixteco, el cuarto, y el tsotsil, el quinto. Véase *Lenguas en riesgo*, Instituto Nacional de Lenguas Indígenas, consultado el 28 de febrero de 2022. Disponible en: https://site.inali.gob.mx/Micrositios/DILM2019/lenguas_riesgo.html#:~:text=Las%20agrupaciones%20con%20mayor%20n%C3%BAmero,(487%20mil%2C%20898)

11 Juárez, Benito, *Apuntes para mis hijos*, en Tamayo, Jorge L., *op. cit.*, tomo I, p. 8. Disponible en: http://juarez.mhiel.mx/docs/Tomo01/Cap1/index.html?page=8

12 Ídem.

13 Citado en Cue Cánovas, Agustín, *Historia social y económica de México, 1521-1854*, México, Trillas, 1980, p. 211.

14 Véase Humboldt, Alejandro, *Ensayo político sobre el Reino de la Nueva España*, Jalapa, Imprenta Veracruzana de A. Ruiz, 1869.

15 Ídem.

16 Ídem.

17 *Ibid.*, p. 10. Disponible en: http://juarez.mhiel.mx/docs/Tomo01/Cap1/index.html?page=10

18 Ídem.

19 Publicado por el Centro de Estudios de Historia de México, Carso. Véase: «Juárez, el indio», en *Presencia Internacional de Juárez*, México, Centro de Estudios de Historia de México, Carso, 27 de mayo de 2008, pp. 19-25.

20 Sierra, Justo, *Juárez, su obra y su tiempo*, México, UNAM, Dirección General de Publicaciones, Nueva Biblioteca Mexicana, 32, 1972, p. 43.

21 *Ibid.*, p. 41.

22 Juárez, *Apuntes para mis hijos, op. cit.*, pp. 20-21. Disponible en: http://juarez.mhiel.mx/docs/Tomo01/Cap1/index.html?page=20

23 El artículo 9 de la segunda ley establece que sus miembros debían hacer el siguiente juramento: «¿Juráis guardar y hacer guardar la Constitución de la República sosteniendo el equilibrio constitucional entre los Poderes sociales, manteniendo ó restableciendo el orden constitucional en los casos en que fuere turbado, valiéndose para ello del poder y medios que la Constitución pone en vuestras manos?».

24 Citado en Galeana, Patricia, *Las relaciones Iglesia-Estado durante el Segundo Imperio*, México, UNAM, 1991, p. 34.

25 «Discurso patriótico pronunciado por Juárez en la ciudad de Oaxaca el 16 de septiembre de 1840», en Juárez, Benito, *Miscelánea*, recopilación de Ángel Pola, México, A. Pola Editor, 1906.

26 Santa Anna, de marzo a octubre de 1843; Valentín Canalizo, de octubre de 1843 a junio de 1844; Santa Anna, de junio a septiembre de 1844; José Joaquín de Herrera, de 7 al 14 de septiembre de 1844; Canalizo, de septiembre a diciembre de 1844; Herrera, de diciembre de 1844 a diciembre de 1845; Mariano Paredes Arrillaga, de enero a junio de 1846; Nicolás Bravo, de junio a julio de 1846; Mariano Salas, de agosto a diciembre de 1846; Valentín Gómez Farías, de diciembre de 1846 a marzo de 1847; Santa Anna de marzo a abril de 1847.

27 Cfr. Juárez, Benito, «Exposición al soberano Congreso de Oaxaca al abrir sus sesiones. Oaxaca, 2 de julio de 1848», en Tamayo, *op. cit.*, tomo 1, capítulo IV. Juárez en Oaxaca. Disponible en: http:// juarez.mhiel.mx/docs/Tomo1/Cap4/index.html?page=140

28 Cfr. «Iniciativa de Valentín Gómez Farías en el Congreso Nacional para impedir que se enajene territorio en los tratados de paz, noviembre de 1847», *Planes en la Nación Mexicana*, México, Senado de la República, 1987, libro 4, p. 381.

29 Cfr. «Discurso de Abraham Lincoln ante el Congreso estadounidense, 12 de enero de 1848». National Archives and Records. Administration Records of the U.S. House of Representatives. RG 233, HR 30 A-B 3.

30 Ramón Alcaráz, Alejo Barreiro, José María Castillo, Félix María Escalante, José María Iglesias, Manuel Muñoz, Ramon Ortiz, Manuel Payno, Guillermo Prieto, Ignacio Ramírez, Napoleón Saborío, Francisco Schiafino, Francisco Segura, Pablo María Torrescano, Francisco Urquidi.

31 Véase Escalante, Félix María *et al.*, *Apuntes para la historia de la guerra entre México y Estados Unidos*, México, Consejo Nacional para la Cultura y las Artes (col. Cien de México), 1991, pp. 39-40.

32 Carta al Ministro de Relaciones, José María Lacunza, 17 de junio de 1850, en Pola, Ángel (comp.), *Miscelánea. Comunicados, respuestas, iniciativas, dictámenes, informes, brindis, etc. de Benito Juárez*, México, Ángel Pola Editor, 1906, p. 273. Disponible en: https://dgb.cultura.gob. mx/libros/dgb/28257_1.pdf

33 Galeana, Patricia, *El Tratado McLane-Ocampo. La comunicación interoceánica y el libre comercio*, 2.ª ed., corregida y aumentada, México, CISAN-UNAM, Porrúa Hnos., 2014, p. 111.

34 Juárez, Benito, «Discurso Pronunciado por Juárez, gobernador del estado de Oaxaca, ante la x Legislatura, al abrir el primer periodo

de sus sesiones ordinarias. Oaxaca, 2 de julio de 1852», en Tamayo, Jorge L., *op. cit.*, tomo 1, capítulo IV. Juárez en Oaxaca. Disponible en: http://juarez.mhiel.mx/docs/Tomo1/Cap4/index.html?page=418

35 Toda la negociación puede ser consultada en el Archivo Histórico Genaro Estrada de la Secretaría de Relaciones Exteriores.

36 Cambios al Plan de Ayutla subrayados:
«3.º El Presidente interino, <u>sin otra restricción que la de respetar inviolablemente las garantías individuales</u> quedará desde luego investido de amplias facultades para reformar todos los ramos de la administración pública, <u>para atender a la seguridad e independencia de la nación, y para promover cuanto conduzca a su prosperidad, engrandecimiento y progreso</u>».
«5.º [...] el Presidente interino convocará un Congreso Extraordinario [...] el cual se ocupará exclusivamente de constituir a la nación bajo la forma de república representativa popular <u>y de revisar los actos del actual gobierno, así como también los del Ejecutivo provisional</u> [...]
«7.º <u>Siendo el comercio una de las fuentes de la riqueza pública y uno de los más poderosos elementos para los adelantos de las naciones cultas, el gobierno provisional se ocupará desde luego de proporcionarle todas las libertades y franquicias que a su prosperidad son necesarias, a cuyo fin expedirá inmediatamente el arancel de adunas marítimas y fronterizas</u> [...]».
«10.º <u>Si la mayoría de la Nación juzgare conveniente que se hagan algunas modificaciones a este Plan, los que suscriben protestan acatar en todo tiempo su voluntad soberana</u>».

37 Juárez, Benito, «Apuntes para mis hijos», en *op. cit.*, tomo 1, p. 32. Disponible en: http://juarez.mhiel.mx/docs/Tomo1/Cap1/index.html?page=32

38 Carta de Lázaro de la Garza, arzobispo de México al ministro de Justicia y Negocios Eclesiásticos, México, 27 de noviembre de 1855, en Tamayo, *op. cit.*, v. 2, pp. 79-80.

39 *«¡S. E. me ordena conteste a V. S. I. como tengo la honra de hacerlo, que antes de sancionar la mencionada Ley tuvo presente las razones en que V. S. I. apoya sus protestas, pero que siendo más poderosas las que pesaron en su ánimo para adoptar las medidas que contienen los artículos referidos, está resuelto a llevarlas a debida ejecución, poniendo en ejercicio todos los medios que la sociedad ha depositado en sus manos, para hacer cumplir las leyes y sostener los fueros de la autoridad suprema de la nación.*
S. E. está profundamente convencido de que la Ley que ha expedido sobre administración de justicia, en manera alguna toca puntos de religión, pues en ella no ha hecho otra cosa que restablecer en la sociedad la igualdad de derechos y consideraciones, desnivelada por gracia de los soberanos que, para concederla, consultaron los tiempos y las circunstancias. La autoridad suprema, al retirar las gracias o privilegios que alguna vez concede,

usa de un derecho legítimo que a nadie le es lícito desconocer y mucho menos enervar. Recuerde V. S. I. el origen del fuero y, penetrado de esta verdad, no encontrará motivo para que el soberano ocurra al Sumo Pontífice y acuerde y combine con Su Santidad un punto que es de su libre atribución, y respecto del cual no reconoce en la tierra superior alguno.

Por todas estas razones que V. S. I. debe estimar en todo su valor y porque el deber mismo del Excmo. señor Presidente lo empeña en impartir a todas sus autoridades los auxilios necesarios para dar cumplimiento a la Ley, en cuyo caso las disposiciones de V. S. quedarán sin efecto, S. E. se promete del sano juicio de V. S. I., de su amor al orden y, sobre todo, del acatamiento que debe a la autoridad suprema de la nación, que sin trámite ulterior manifestará su obediencia a la ley, sean cuales fueren las protestas que haga para salvar su responsabilidad, si en algo la encuentra comprometida; en el concepto de que las consecuencias del desobedecimiento de la Ley serán de la exclusiva responsabilidad de V. S. I.».

Carta de Benito Juárez al arzobispo de México, en Tamayo, *op. cit.*, tomo II, capítulo VI, p. 123. Disponible en: http://juarez.mhiel.mx/docs/Tomo2/Cap1/index.html?page=123

[40] «Carta de Benito Juárez al Obispo de Michoacán, 5 de diciembre de 1855», en Tamayo, *op. cit.*, tomo 2, capítulo VI, p. 185. Disponible en: http://juarez.mhiel.mx/docs/Tomo2/Cap1/index.html?page=185

[41] Galeana, Patricia, «El pensamiento laico de Benito Juárez», en Colección de Cuadernos «Jorge Carpizo» para entender y pensar la laicidad, cuaderno I, Cátedra Extraordinaria «Benito Juárez», Salazar, Pedro y Pauline Capdeville (coords.), IIJ-UNAM, Instituto Iberoamericano de Derecho Constitucional, México, 2013, 27 pp.

[42] Juárez, Benito, *Apuntes para mis hijos*, en Tamayo, *op. cit*, p. 37. Disponible en: http://juarez.mhiel.mx/docs/Tomo1/Cap1/index.html?page=37

[43] «Juárez, Benito, Manifiesto a los oaxaqueños, 26 de octubre de 1856», en Tamayo, *op. cit.*, tomo II, capítulo VII, p. 114. Disponible en: http://juarez.mhiel.mx/docs/Tomo2/Cap2/index.html?page=114

[44] Juárez, Benito, «Discurso que en la reinstalación del Instituto de Ciencias y Artes del estado pronunció Benito Juárez», en Tamayo, *op. cit.*, tomo II, capítulo VII, p. 32. Disponible en: http://juarez.mhiel.mx/docs/Tomo2/Cap2/index.html?page=32

En 1955 el Instituto de Ciencias y Artes de Oaxaca se convirtió en la Universidad Autónoma Benito Juárez de Oaxaca.

[45] Zertuche Muñoz, Fernando en «El Congreso Constituyente de 1856-1857. El decenio de su entorno» en Valadés, Diego y Miguel Carbonell, *El proceso constituyente mexicano. A 150 años de la Constitución de 1857 y 90 de la constitución de 1917*, México, IIJ, UNAM, 2007, p. 864.

[46] «Juárez al pueblo de Guadalajara, 16 de marzo de 1858», en Tamayo, *op. cit*, tomo 2, capítulo x. Disponible en: http://juarez.mhiel.mx/docs/Tomo2/Cap5/index.html?page=3

[47] Pedro Santacilia y Manuela Juárez contraen matrimonio el 22 de mayo de 1861. La ceremonia civil se realizó en las habitaciones del presidente de la República en Palacio Nacional, en un evento privado. Véase Tamayo, Jorge L., tomo 7, capítulo LXXVII, pp. 6-7. Disponible en: http://juarez.mhiel.mx/docs/Tomo7/Cap16/index.html?page=6

[48] «Benito Juárez a Pedro Santacilia. 20 de junio de 1858», en Tamayo, *op. cit.*, tomo 2, capítulo xi, p. 31. Disponible en: http://juarez.mhiel.mx/docs/Tomo2/Cap6/index.html?page=31

[49] Juárez, Benito, «Justificación de las leyes de Reforma» 7 de julio de 1859, en Tamayo, *op. cit*, tomo II, capítulo XIII, p. 12. Disponible en: http://juarez.mhiel.mx/docs/Tomo2/Cap8/index.html?page=12

«La instrucción es la primera base de la prosperidad de un pueblo, a la vez que el medio más seguro de hacer imposibles los abusos de poder [...]

«La emisión de las ideas por la prensa debe ser tan libre, como es libre en el hombre la facultad de pensar».

[50] «Benito Juárez a Pedro Santacilia, 12 de julio de 1859», en Tamayo, *op. cit.*, tomo 2, Capítulo XIII, p. 44. Disponible en: http://juarez.mhiel.mx/docs/Tomo2/Cap8/index.html?page=44

[51] Altamirano, Ignacio Manuel, «Biografía de Ignacio Ramírez», en *Obras de Ignacio Ramírez*, tomo I, p. 9.

[52] En lugar de pretender ejercer el Patronato absorbiendo a la institución eclesiástica como se pretendió hacer en 1833, se separaban los asuntos civiles y religiosos.

[53] La Ley de la Nacionalización de los Bienes del Clero estableció:

«Artículo 5.° Se suprime en toda la república las órdenes de los religiosos regulares que existen, cualquiera que sea la denominación o advocación con que se hayan erigido, así como también todas las archicofradías, congregaciones o hermandades anexas a las comunidades religiosas, a las catedrales, parroquias o cualesquiera otras iglesias.

»Artículo 14. Los conventos de religiosas que actualmente existen, continuarán existiendo y observando el reglamento económico de sus claustros».

[54] «Benito Juárez a Pedro Santacilia, 1° de abril de 1859», en Tamayo, *op. cit.*, tomo 2, capítulo xii, p. 60. Disponible en: http://juarez.mhiel.mx/docs/Tomo2/Cap7/index.html?page=60

[55] Carta de Andrés Oseguera a Melchor Ocampo, Washington, mayo de 1859. «Gutiérrez Estrada logró obtener una audiencia de Luis Napoleón, por conducto del Príncipe Metternich...», en AHMNAH, 2.ª serie de Papeles Sueltos, legajo 8.

56 La biblioteca de Melchor Ocampo se encuentra en la Universidad Nicolaíta de Michoacán.

57 Cfr. «Carta de Churchwell a Cass, Veracruz, 8 de febrero de 1859», en Manning, *Diplomatic Correspondence of the United States Inter-American Affairs (1831-1860)*, vol. IX, Washington, Carnegie Endowment for International Peace,1937, pp. 1024 y ss.

58 «Tratado de Tránsito y Comercio entre los Estados Unidos Mexicanos y los Estados Unidos de América, fechado el 14 de diciembre de 1859, en Veracruz» en Galeana, Patricia, *El Tratado McLane-Ocampo. La comunicación interoceánica y el libre comercio*, México, CISAN-UNAM, Porrúa Hnos., 2.ª ed. corregida y aumentada, 2014, p. 376.

59 *Ibid.*, p. 246.

60 «Convención entre la República Mexicana y los Estados Unidos de América fechada el 14 de diciembre de 1859 en Veracruz», en AHSREM, exp. EUA-10 (II).

61 *Ídem.*

62 «Mensaje del gobierno constitucional a la nación. 30 de enero de 1860», en Tamayo, *op. cit.*, tomo 2, capítulo XIV, p. 37. Disponible en: http://juarez.mhiel.mx/docs/Tomo2/Cap9/index.html?page=37

63 Cfr. «Carta de Benito Juárez al ministro español, Joaquín F. Pacheco. 30 de junio de 1860», Tamayo, *op. cit.*, tomo 2, capítulo XIV, p. 285. Disponible en: http://juarez.mhiel.mx/docs/Tomo2/Cap9/index.html?page=285

64 Juárez, Benito, «Proclama en la ciudad de México. 10 de enero de 1861», en Tamayo, *op. cit.*, tomo 5, capítulo XXIX, p. 21. Disponible en: http://juarez.mhiel.mx/docs/Tomo4/Cap3/index.html?page=21

65 *Ídem.*

66 «Carta de Benito Juárez a George B. Mathew,22 de septiembre de 1860», en Tamayo, *op. cit.*, tomo 2, capítulo XIV, p. 398. Disponible en: http://juarez.mhiel.mx/docs/Tomo2/Cap9/index.html?page=398

67 «Decreto que prohíbe la extracción de los indígenas de Yucatán para el extranjero. 6 de mayo de 1861», en Tamayo, *op. cit.*, tomo 4, capítulo XXXIII, p. 138. Disponible cn: http://juarez.mhiel.mx/docs/Tomo4/Cap7/index.html?page=138

68 «Carta de Francisco Zarco a Alphonse Dubois de Saligny. 6 de mayo de 1861», en Tamayo, *op. cit.*, tomo 4, capítulo XXXIII, p. 133. Disponible en: http://juarez.mhiel.mx/docs/Tomo4/Cap7/index.html?page=133

69 Juárez, Benito, «Apuntes autobiográficos, 4 de junio de 1861», en Tamayo, *op. cit.*, tomo 4, capitulo XXXV, p. 12. Disponible en: http://juarez.mhiel.mx/docs/Tomo4/Cap9/index.html?page=12

[70] En el mismo orden en que aparecen en el documento: Manuel María Ortiz de Montellano, N. Medina, Enrique Ampudia, Antonio Rebollar, Braulio Carballar, Joaquín Escalante, Pantaleón Tovar Manuel López, J. R. Nicolín, Antonio Carrión, J. M. Castro, Francisco Ferrer, Juan Ortiz Careaga, José Linares, J. M. Savorio, Ignacio Ecala, Domingo Romero, Vicente Chico Seín, Juan González Urueña, Manuel Castilla y Portugal, Antonio Herrera Campos, Ramón Iglesias, Trinidad García de la Cadena, R. Vázquez, D. Balandrano, I. Calvillo Ibarra, Víctor Pérez, Susano Quevedo, Pedro Ampudia, Antonio C. Ávila, M. de la Peña y Ramírez, Manuel Romero Rubio, Jesús Gómez, Juan Bustamante, Antonino Tagle, Ignacio M. Altamirano, Pablo Téllez, Juan Zalce, Francisco M. de Arredondo, Agustín Menchaca, Luis Cossío, J. M. Carbó, G. Aguirre, Miguel Dondé, Justino Fernández, Vicente Riva Palacio, Francisco Vidaña, M. Saavedra, Juan Zalee, J. Rivera y Río, Eufemio Rojas, Juan Carbó. Cfr. «Un grupo de diputados pide la renuncia a Juárez como Presidente Constitucional. Respuesta de Ignacio de la Llave. 7 de septiembre 1861», en Tamayo, *op. cit.*, tomo 5, capítulo XXXVIII, p. 11. Disponible en: http://juarez.mhiel.mx/docs/Tomo5/Cap1/index.html?page=11

[71] «Ley para el arreglo de la Hacienda Pública, que suspende el pago de la deuda internacional. 17 de julio de 1861», en Tamayo, *op. cit.*, tomo 4, capítulo XXXVII, p. 39. Disponible en: http://juarez.mhiel.mx/docs/Tomo4/Cap11/index.html?page=39

[72] Ocampo, Melchor, «Comunicación del ministro de Hacienda a los diputados y senadores, 4 de marzo de 1850», en Ocampo, Melchor, *Obras Completas*, pról. Ángel Pola, tomo II México, F. Vázquez Editores, 1901, pp. 245-249.

[73] La deuda inglesa ascendía a 68 535 044 pesos. Las reclamaciones de España sumaban 9 460 986.29 pesos, de los que 7 911 423.11 eran de capital. La reclamación francesa era la menor; tenía a cuenta de capital 2 430 917 y 429 000 a cuenta de réditos.
Cfr. Ciro Cardoso, «Características fundamentales del período 1821-1880», en Cardoso (coord.), *México en el siglo XIX (1821-1910). Historia económica y de la estructura social*, México, Nueva Imagen, 1980, p. 88, citado en Galeana, Patricia, *La disputa por la soberanía (1821-1876)*, Colección México y el mundo. Historia de sus relaciones exteriores 1848-1876, tomo III, 2.ª ed., corregida y aumentada, México, El Colegio de México, 2010.

[74] Juárez, Benito, «Manifiesto del ciudadano presidente de la República a la Nación», en Tamayo, tomo 5, capítulo XLV, p. 82. Disponible en: http://juarez.mhiel.mx/docs/Tomo5/Cap8/index.html?page=82

[75] Gustav Niox, *Expedition du Mexique. 1861-1867*, París, Libraire Militaire de J. Dumaine, 1874.

[76] Cabe destacar que el 6 de diciembre de 1856 se expidió la Ley para Castigar los Delitos contra la Nación, contra el Orden y la Paz Pública. Conocida como la Ley de Comonfort, con 62 artículos. En el primero, se abordan los delitos contra la independencia y la seguridad nacional, como la invasión armada del territorio, que, de acuerdo con el artículo 39 de la misma ley, será castigada con la pena de muerte. El tercero habla sobre los delitos contra la paz y el orden: la rebelión contra las instituciones públicas y la conspiración.

[77] «Ley para castigar los delitos contra la nación, el orden, la paz pública y las garantías individuales. 25 de enero de 1862», en Tamayo, tomo 5, capítulo XLVI, p. 158. Disponible en: http://juarez. mhiel.mx/docs/Tomo5/Cap9/index.html?page=158

[78] «Manuel Doblado a Thomas Corwin», en *ibid*., tomo 6, capítulo XLIX, p. 48. Disponible en: http://juarez.mhiel.mx/docs/Tomo6/Cap2/ index.html?page=48

[79] «Carta de Benito Juárez a Matías Romero, 29 de marzo de 1862», en *ibid*., tomo 6, capítulo XLIX, p. 174. Disponible en: http://juarez. mhiel.mx/docs/Tomo6/Cap2/index.html?page=174

[80] «El gobierno mexicano decreta estado de sitio, 12 de abril de 1862», en *ibid*., tomo 6, capítulo L, p. 53. Disponible en: http://juarez.mhiel. mx/docs/Tomo6/Cap3/index.html?page=53

[81] Juárez, Benito, «Manifiesto del presidente Juárez llamando a la defensa de la independencia nacional frente a la intervención francesa, 12 de abril de 1862», en *ibid*., tomo 6, capítulo L, p. 67. Disponible en: http://juarez.mhiel.mx/docs/Tomo6/Cap3/index. html?page=67

[82] Juárez, Benito, «Discurso pronunciado por el presidente de la República el 15 de abril de 1862 en la apertura de las sesiones ordinarias del Congreso de la Unión», en *ibid*., p. 103. Disponible en: http:// juarez.mhiel.mx/docs/Tomo6/Cap3/index.html?page=103

[83] El documento se encuentra en el Archivo General de la Nación.

[84] Juárez, Benito, «Discurso de Juárez pronunciado el 31 de mayo de 1862, al cerrar las sesiones ordinarias del Congreso», en Tamayo, *op. cit*, tomo 6, capítulo LVII, p. 100. Disponible en: http://juarez. mhiel.mx/docs/Tomo6/Cap10/index.html?page-100

[85] Juárez, Benito, «Discurso pronunciado por Juárez en Puebla de Zaragoza, el 4 de diciembre de 1862», en *ibid*., tomo 7, capítulo LXV, p. 24. Disponible en: http://juarez.mhiel.mx/docs/Tomo7/Cap4/ index.html?page=24

[86] Juárez, Benito, «Discurso pronunciado por Juárez en la apertura de las sesiones ordinarias del nuevo Congreso, 20 de octubre de 1862», en *ibid*., tomo 7, capítulo LXIII, p. 31. Disponible en: http:// juarez.mhiel.mx/docs/Tomo7/Cap2/index.html?page=31

[87] Carta de Benito Juárez a Paulo Verástegui, 14 de enero de 1863, en *ibid.*, capítulo LXVIII, p. 68. Disponible en: http://juarez.mhiel.mx/docs/Tomo7/Cap7/index.html?page=68

[88] Juárez, Benito, «Discurso pronunciado por el presidente de la República en la apertura de las sesiones del Congreso de la Unión, 29 de abril de 1863», en *ibid.*, tomo 7, capítulo LXXV, p. 83. Disponible en: http://juarez.mhiel.mx/docs/Tomo7/Cap14/index.html?page=83

[89] «Las dos batallas de Puebla», Ponencia del doctor Konrad Ratz, Ayuntamiento de Puebla, 16 de marzo 2012. Basado en datos del general francés Du Barail. Cfr. Salinas Flores Berta, *Cartas desde México: dos fuentes militares para el estudio de la Intervención Francesa, 1862-1867*, México, Porrúa, 2001, 99 ss.

[90] Juárez, Benito, «Juárez informa a la nación la caída de Puebla» en *ibid.*, tomo 7, capítulo LXXVI, p. 41. Disponible en: http://juarez.mhiel.mx/docs/Tomo7/Cap15/index.html?page=41

[91] Su gabinete, integrado por Sebastián Lerdo de Tejada, José María Iglesias, José Núñez e Ignacio Comonfort. Entre otros, también le acompañaron Ponciano Arriaga como presidente del Congreso; los magistrados Manuel Ruiz, José Arteaga y Jesús Gómez Portugal; Francisco Zarco, Manuel María Zamacona y Guillermo Prieto, Juan Antonio de la Fuente, Jesús Terán, José Higinio Núñez. Jesús González Ortega se integró una vez que escapó de los franceses. Véase *La República errante*, México, INEHRM, 2016, pp. 7 y 26.

[92] Teodosio Lares, presidente; Alejandro Arango y Escandón, secretario; José María Andrade, secretario; José Ignacio Pavón, presidente de la Suprema Corte de Justicia; Manuel Díez de Bonilla, exministro de Antonio López de Santa Anna; José Basilio Arrillaga, Francisco Javier Miranda, Ignacio Aguilar y Marocho, José María de Jesús Díez de Sollano, obispo de León; Joaquín Velázquez de León, Antonio Fernández Monjardin, Mora y Villamil, general; Ignacio Sepúlveda, exgobernador de San Luis Potosí; Joaquín Castillo y Lanzas, Mariano Domínguez, José Guadalupe Arriola, Adrián Woll, General, Fernando Manigno, Agapito Muñoz, José Miguel Arroyo, Teófilo Marín, Miguel Cervantes Velazco, General; Cipriniano del Castillo, Exministro de Antonio López de Santa Anna; Juan Hierro Maldonado, exministro de Miguel Miramón; José Ildefonso Amable, Gerardo García Rojas, Manuel Miranda, José López Ortigoza, Santiago Blanco, general; Pablo Vergara; Cayetano Montoya, General; Manuel Tejada, Urbano Tovar, exministro de Miguel Miramón; Antonio Morán, y Miguel Jímenez. Cfr. Rivera, Agustín, *Anales mexicanos: La Reforma y el Segundo Imperio*, 3.ª ed., México, Escuela de Artes y Oficios, Taller de tipografía dirigido por José Gómez Ugarte, 1994, p. 153. Versión digitalizada por la Universidad Autónoma de Nuevo León, disponible en: http://cdigital.dgb.uanl.mx/la/108001 7888/1080017888_MA.PDF

[93] Experto en la Reforma, la Intervención Francesa y el Segundo Imperio, fundador de la Cátedra correspondiente en la Facultad de Filosofía y Letras de la UNAM y autor de obras pioneras en el estudio de esta etapa de nuestra historia.

[94] Quirarte es autor de *Historiografía sobre el Imperio de Maximiliano* (1970), *Relaciones entre Juárez y el Congreso* (1973), entre otras obras.

[95] Francisco de Paula Arrangoiz, *Méjico desde 1808 hasta 1867*, pról. de Martín Quitarte, 2.ª ed., México, Porrúa, Colección «Sepan cuantos...», 1968, p. 82.

[96] Juárez Benito, «El ciudadano Benito Juárez, Presidente Constitucional de la República al ejército de Oriente, 10 de junio de 1863», en Ángel Pola (comp.), *Discursos y manifiestos de Benito Juárez*, México, Ángel Pola Editor, 1905, pp. 267-269. Versión digitalizada por la Universidad Autónoma de Nuevo León, disponible en: http://cdigital.dgb.uanl.mx/la/1080120822/1080120822.html

[97] 7 de diciembre de 1863.

[98] Carta de Napoleón III, dirigida al conde de Flahaut en octubre de 1861, Secretaría de Relaciones Exteriores, Departamento de Administración y Archivos, Sección de Traductores, Set. 25, 1935, México.

[99] Valadés, José C., *Maximiliano y Carlota en México*, México, Editorial Diana, 1967, 398 pp.

[100] «Carta de Benito Juárez a Manuel Doblado. 20 de enero de 1864», en Tamayo, *op. cit.*, tomo 8, capítulo CII, p. 12. Disponible en: http://juarez.mhiel.mx/docs/Tomo8/Cap21/index.html?page=12

[101] «Manifiesto de Benito Juárez ante los habitantes de nuevo León y de Coahuila. 4 de abril de 1864», en Tamayo, tomo 8, capítulo CXII, p. 12. Disponible en: http://juarez.mhiel.mx/docs/Tomo8/Cap31/index.html?page=12

[102] Iglesias, José María, *Revistas históricas sobre la Intervención Francesa en México*, pp. 492-495.

[103] La carta de Maximiliano nunca se localizó. Jorge L. Tamayo, quien recopilara toda la documentación de Benito Juárez, considera que él mismo pudo haberla destruido. La respuesta de Juárez estuvo circulando mientras ambos vivían, y el hecho de que ninguno la desmintiera da pie a suponer que la correspondencia no es apócrifa.

Cfr. Carta de Juárez a Maximiliano en Tamayo, *op. cit.*, tomo 9, capítulo CXIX, p. 4. Disponible en: http://juarez.mhiel.mx/docs/Tomo9/Cap6/index.html?page=4

[104] La fecha de la carta aún es discutida. Cfr. «La carta de Juárez según New York Herald», en *ibid.*, p. 20. Disponible en: http://juarez.mhiel.mx/docs/Tomo9/Cap6/index.html?page=20

[105] «Carta de Benito a José María Arteaga. 1 de julio de 1864», en Tamayo, tomo 9, capítulo CXXII, p. 43. Disponible en: http://juarez.mhiel.mx/docs/Tomo9/Cap9/index.html?page=43

[106] «Carta de Benito Juárez a Matías Romero. 22 de diciembre de 1864», en Tamayo, tomo 9, capítulo CXXXV, p. 11. Disponible en: http://juarez.mhiel.mx/docs/Tomo9/Cap22/index.html?page=11

[107] «Carta de Benito Juárez a Pedro Santacilia. 22 de diciembre de 1864», en Tamayo, tomo 9, capítulo CXXXV, p. 15. Disponible en: http://juarez.mhiel.mx/docs/Tomo9/Cap22/index.html?page=15

[108] «Constitución Política de la República Mexicana», 5 de febrero de 1857, sitio del Comité de los tres Poderes para la Conmemoración del Centenario de la Constitución Política de los Estados Unidos Mexicanos, consultado el 12 de febrero de 2022, p. 18. Disponible en: https://constitucion1917.gob.mx/es/Constitucion1917/Constitucion_Politica_de_la_Republica_Mexicana1

[109] «Carta de Benito Juárez a Pedro Santacilia. 29 de diciembre de 1864», en Tamayo, tomo 9, capítulo CXXXVI, p. 32. Disponible en: http://juarez.mhiel.mx/docs/Tomo9/Cap23/index.html?page=32

[110] Galeana, Patricia, *Las Relaciones Estado-Iglesia durante el Segundo Imperio, México*, 2.ª ed., corregida y aumentada, México, UNAM, Siglo XXI Editores, 2015, 298 pp.

[111] *Ídem.*

[112] Galeana, Patricia, «Carlota fue Roja», en Spiller, Roland y Susanne Igler, *Más Nuevas del Imperio. Estudios Interdisciplinarios acerca de Carlota de México*, Colección de Estudios Latinoamericanos de la Universidad de Erlangen-Nuremberg, Alemania, 2001.

[113] Fernández Montaña, José, El Syllabus de Pío IX con la explicación debida y la defensa científica de la condenación de sus ochenta proposiciones en otros tantos capítulos, Imprenta de Gabriel L. y del Horno, España, 1905, 776 pp.

[114] José Gutiérrez Casillas, *Historia de la Iglesia en México*, Porrúa, 1974, p. 509.

[115] Juárez, Benito, «Manifiesto del presidente de la República desde Chihuahua. 1 de enero de 1865», en Tamayo, tomo 9, Capítulo CXXXVII, p. 10. Disponible en: http://juarez.mhiel.mx/docs/Tomo9/Cap24/index.html?page=10

[116] Carta de Benito Juárez a Pedro Santacilia, 5 de enero de 1865, en Tamayo, tomo 9, capítulo CXXXVII, p. 26. Disponible en: http://juarez.mhiel.mx/docs/Tomo9/Cap24/index.html?page=26

[117] Carta de Benito Juárez a Pedro Santacilia, 5 de enero de 1868, en Tamayo, tomo 9, capítulo CXXXVII, p. 25. Disponible en: http://juarez.mhiel.mx/docs/Tomo9/Cap24/index.html?page=25

[118] Carta de Benito Juárez a Pedro Santacilia, Chihuahua, 26 de enero de 1865, en *ibid.*, tomo 9, capítulo cxxxix, p. 12. Disponible en: http://juarez.mhiel.mx/docs/Tomo9/Cap26/index.html?page=12

[119] «Carta de Benito Juárez a Pedro Santacilia. 23 de febrero de 1865», en *ibid.*, tomo 9, capítulo cxxxix, p. 18. Disponible en: http://juarez.mhiel.mx/docs/Tomo9/Cap26/index.html?page=18

[120] «Carta de Benito Juárez a Pedro Santacilia. 2 de marzo de 1868», en Tamayo, tomo 9, capítulo cxlii. p. 13. Disponible en: http://juarez.mhiel.mx/docs/Tomo9/Cap29/index.html?page=13

[121] *La legislación del Segundo Imperio*, México, inehrm, 2016. Disponible en: https://inehrm.gob.mx/work/models/inehrm/Resource/440/1/images/La-legislacion-del-Segundo-Imperio.pdf

[122] Cfr. Ratz, Konrad y Ampato Gómez Tepexicuapan, *La política de viajes de Maximiliano en México (1864-1867), op. cit.*

[123] Carta de Napoleón a Maximiliano, 2-x-1863, Correspondencia sostenida entre el emperador Napoleón III, la emperatriz Eugenia, el archiduque Maximiliano y la archiduquesa Carlota, de octubre de 1861 al 8 de noviembre de 1866, copias tomadas del archivo de Viena en traducción al español, Archivo José C. Valadés, pp. 57-68

[124] «Decreto del Congreso de los Estados Unidos de Colombia. 2 de mayo de 1865», en Tamayo, *op. cit.*, tomo 10, capítulo cli, p. 19. Disponible en: http://juarez.mhiel.mx/docs/Tomo10/Cap6/index.html?page=19

    Posteriormente el Congreso colombiano trasladó su efigie a su sede y tuve la satisfacción de entregar a la Biblioteca Nacional de Colombia un grabado del Benemérito de Ángel Zamarripa Landi, serigrafía sobre papel tipo pergamino, en blanco y negro.

[125] «Colombia declara a Juárez Benemérito de las Américas», en *ídem*, capítulo cli, p. 24. Disponible en: http://juarez.mhiel.mx/docs/Tomo10/Cap6/index.html?page=24

[126] Véase Eggers, Henrik, *Memorias de México* (Walter Astié-Burgos, editor), México, Porrúa, 2005, p. 137.

[127] «Carta de Benito Juárez a Pedro Santacilia. 25 de agosto de 1865», en Tamayo, tomo 10, capítulo clii, p. 26. Disponible en: http://juarez.mhiel.mx/docs/Tomo10/Cap7/index.html?page=26

[128] «Benito Juárez a Margarita Maza, El Paso del Norte, 15 de septiembre de 1865», en Tamayo, *op. cit.*, tomo 10, capítulo clii, p. 35. Disponible en: http://juarez.mhiel.mx/docs/Tomo10/Cap7/index.html?page=35

[129] «Carta de Margarita Maza a Benito Juárez», en *ibid.*, tomo 10, capítulo clix, pp. 18-19. Disponible en: http://juarez.mhiel.mx/docs/Tomo10/Cap14/index.html?page=18

[130] «Carta de Benito Juárez a Pedro Santacilia. 5 de enero de 1866», en *ibid.*, tomo 10, capítulo CLXII, p. 17. Disponible en: http://juarez.mhiel.mx/docs/Tomo10/Cap17/index.html?page=17

[131] Galeana, Patricia, Juárez en la historia de México, México, Miguel Ángel Porrúa, Cámara de Diputados LIX Legislatura, 2006, p. 303.

[132] «Carta de Benito Juárez a Andrés Viesca. 15 de agosto de 1866», en Tamayo, *op. cit.*, tomo 11, capítulo CLXXXV, p. 44. Disponible en: http://juarez.mhiel.mx/docs/Tomo11/Cap9/index.html?page=44

[133] «Carta de Benito Juárez a Porfirio Díaz. 27 de abril de 1867», en *ibid.*, tomo 11, capítulo CCX, p. 58. Disponible en: http://juarez.mhiel.mx/docs/Tomo11/Cap34/index.html?page=58

[134] «Carta de Benito Juárez a Pedro Santacilia. 15 de mayo de 1867», en *ibid.*, p. 21. Disponible en: http://juarez.mhiel.mx/docs/Tomo11/Cap38/index.html?page=21

[135] Juárez, Benito, «Manifiesto de Benito Juárez al volver a la capital de la República. 15 de julio de 1867», en *ibid.*, tomo 12, capítulo CCXXII, p. 24. Disponible en: http://juarez.mhiel.mx/docs/Tomo12/Cap7/index.html?page=24

[136] *Ídem.*

[137] Juárez, Benito, «Contestación de Benito Juárez al discurso que, por su entrada en México, pronunció el presidente del Ayuntamiento», en *ibid.*, tomo 12, capítulo CCXXII, p. 23. Disponible en: http://juarez.mhiel.mx/docs/Tomo12/Cap7/index.html?page=23

[138] «Carta de Benito Juárez a Andrés Viesca. 13 de agosto de 1867», en *ibid.*, tomo 12, capítulo CCXXVII, p. 48. Disponible en: http://juarez.mhiel.mx/docs/Tomo12/Cap12/index.html?page=48

[139] Galeana, Patricia, *Presencia internacional de Juárez*, México, CEHM-CARSO, 2008.

[140] Juárez, Benito, «Contestación del presidente de la República al discurso que Mr. Marcos Otterbourg pronunció al presentar sus credenciales de Enviado Extraordinario y Ministro plenipotenciario de los Estados Unidos en México. 19 de agosto de 1867», en tomo 12, capítulo CCXXVIII, p. 19. Disponible en: http://juarez.mhiel.mx/docs/Tomo12/Cap13/index.html?page=19

[141] «Mensaje del presidente Venustiano Carranza al Congreso de la Unión», en *Diario de los debates*, Sesión ordinaria de la Cámara de Diputados, 1º de septiembre de 1918, Legislatura XXVIII, año I, período ordinario, núm. 13. Disponible en: http://cronica.diputados.gob.mx/DDebates/28/1er/Ord/19180901.html

[142] *Genaro Estrada: Diplomático y Escritor*, México, Secretaría de Relaciones Exteriores, Colección del Archivo Histórico Diplomático Mexicano, 1978, 190 pp.

[143] Carta de Benito Juárez a Ignacio Pesqueira, 23 de octubre de 1867, en Tamayo, tomo 12, capítulo ccxliii, p. 21. Disponible en: http://juarez.mhiel.mx/docs/Tomo12/Cap28/index.html?page=21

[144] Artículo 89, Cfr. «Constitución Política de los Estados Unidos Mexicanos», en Instituto de Investigaciones Jurídicas, texto vigente a la última reforma realizada el 28 de mayo de 2021l. Disponible en: https://www.juridicas.unam.mx/legislacion/ordenamiento/constitucion-politica-de-los-estados-unidos-mexicanos#10639

La fracción X fue reformada mediante Decreto publicado en el Diario Oficial de la Federación el 10 de junio de 2011, para incorporar la defensa de los derechos humanos.

[145] «Convocatoria a elecciones», en Tamayo, tomo 12, capítulo ccxxvi, pp. 12-22. Disponible en: http://juarez.mhiel.mx/docs/Tomo12/Cap11/index.html?page=12

[146] «Constitución Política de la República Mexicana», op. cit., p. 18.

[147] Véase Ratz, Konrad, *Tras las huellas de un desconocido: Nuevos datos y aspectos de Maximiliano de Habsburgo*, Conaculta, INAH, 2008, 272 pp.

[148] Circular del ministro de gobernación, Sebastián Lerdo de Tejada, 14 de agosto de 1867, en Tamayo, *op. cit.*, tomo 12, capítulo ccxxvi, pp. 23-36. Disponible en: http://juarez.mhiel.mx/docs/Tomo12/Cap11/index.html?page=23

[149] Carta de Benito Juárez a Clemente López. 30 de agosto de 1867, en *ibid.*, tomo 12, capítulo ccxxix, p. 32. Disponible en: http://juarez.mhiel.mx/docs/Tomo12/Cap14/index.html?page=32

[150] Ramírez, Ignacio, *El partido liberal y la Reforma Religiosa en México*, México, 1898, Talleres de la Tipografía Artística, p. 366.

[151] El 14 de febrero de 1868, Díaz regresó a Oaxaca, tratado como héroe nacional; recibe el nombramiento de Benemérito del Estado y como premio a sus servicios a la patria, l Legislatura estatal le obsequia hacienda de La Noria.

[152] «Carta de Benito Juárez a Domingo de Goicouría. 6 de enero de 1868», en Tamayo, tomo 12, capítulo ccxlvii, p. 20. Disponible en: http://juarez.mhiel.mx/docs/Tomo12/Cap32/index.html?page=20

[153] Juárez, Benito, «Discurso pronunciado a su toma de posesión de la presidencia. 25 de diciembre de 1867», en *ibid.*, tomo 12, capítulo cxlvi, p. 17. Disponible en: http://juarez.mhiel.mx/docs/Tomo12/Cap31/index.html?page=17

[154] Lodlow, Leonor, «Principales leyes, decretos y reglamentos 1868-1910», en *Los secretarios de Hacienda y sus proyectos (1821-1933)*, tomo II, México, UNAM, IIH, pp. 211-240.

[155] Solana, Fernando, *et al.*, *Historia de la educación pública en México*, FCE, SEP, 1981.

[156] «Carta de Benito Juárez a Desiderio Pavón. 27 de marzo de 1868», en Tamayo, *op. cit.*, tomo 13, capítulo CCLVI, p. 112. Disponible en: http://juarez.mhiel.mx/docs/Tomo13/Cap4/index.html?page=112

[157] «Carta de Benito Juárez a Vicente Márquez. 25 de mayo de 1868», en *ibid.*, tomo 13, CCLXII, p. 16. Disponible en: http://juarez.mhiel.mx/docs/Tomo13/Cap10/index.html?page=16

[158] «Carta de Benito Juárez a Severo Cosío. 10 de agosto de 1868», en *ibid.*, tomo 13, capítulo CCLXXII, p. 39. Disponible en: http://juarez.mhiel.mx/docs/Tomo13/Cap20/index.html?page=39

[159] «Carta de Benito Juárez al Gral. Juan Francisco Lucas. 19 de febrero de 1868», en *ibid.*, tomo 13, capítulo CCLVI, p. 61. Disponible en: http://juarez.mhiel.mx/docs/Tomo13/Cap4/index.html?page=61

[160] Cfr. *ibid.*, p. 8. Disponible en: http://juarez.mhiel.mx/docs/Tomo13/Cap4/index.html?page=8

[161] Véase, Juárez, Benito, «Discurso pronunciado por el presidente de la República en la clausura del Congreso de la Unión. 29 de marzo de 1868», en *ibid.*, tomo 13, capítulo CCLX, p. 9. Disponible en: http://juarez.mhiel.mx/docs/Tomo13/Cap8/index.html?page=9

[162] Juárez, Benito, «Discurso pronunciado por el presidente de la República en la clausura del Congreso de la Unión. 31 de mayo de 1869», en *ibid.*, tomo 13, capítulo CCLXXXVII, p. 59. Disponible en: http://juarez.mhiel.mx/docs/Tomo13/Cap35/index.html?page=59

[163] «Carta de Benito Juárez a Francisco Antonio Aguirre, 20 de diciembre de 1869», en *ibid.*, tomo 14, capítulo CCCIII, p. 30. Disponible en: http://juarez.mhiel.mx/docs/Tomo14/Cap5/index.html?page=30

[164] «Reforma a la ley del 2 de diciembre de 1867», en *ibid.*, tomo 13, capítulo XXXIV, pp. 16-35. Disponible en: http://juarez.mhiel.mx/docs/Tomo13/Cap34/index.html?page=16

[165] Juárez, Benito, «Exposición al Soberano Congreso de Oaxaca al abrir sus sesiones. Oaxaca, 2 de julio de 1852», en Tamayo, *op. cit.*, tomo1, capítulo IV, p. 437. Disponible en: http://juarez.mhiel.mx/docs/Tomo1/Cap4/index.html?page=437

[166] Cfr. «Alocución», en *El Monitor Republicano*, 5 de abril, 1856.

[167] Véase Méndez Mora, María Belem, «Discurso leído por la señorita doña María de Belem Méndez y Mora», s/f, en Tamayo, tomo 14, capítulo CCCII. Disponible en: http://juarez.mhiel.mx/docs/Tomo14/Cap4/index.html?page=10

[168] Hasta la Ley de Instrucción Pública de 10 de diciembre de 1874 promulgada durante el gobierno de Sebastián Lerdo de Tejada quedó explícitamente establecido el laicismo en la educación en su artículo 4°.

   La instrucción religiosa y las prácticas oficiales, de cualquier culto, quedan prohibidas en todos los establecimientos de la federación, de los estados y de los municipios. Se enseñará la moral en los que por la naturaleza de su institución lo permita, aunque sin referencia a ningún culto. Véase «Se reforma la Ley de Instrucción Pública», en Tamayo, *op. cit.*, tomo 13, capítulo CCLXXXVI, p. 11. Disponible en: http://juarez. mhiel.mx/docs/Tomo13/Cap34/index.html?page=11

[169] Solana, Fernando, *et al.*, *Historia de la educación pública en México*, FCE, SEP, 1981.

[170] «Carta de Benito Juárez a Juan Prim. 16 de agosto de 1869», en Tamayo, tomo 13, capítulo CCLXXXIX, p. 23. Disponible en: http:// juarez.mhiel.mx/docs/Tomo13/Cap37/index.html?page=23

[171] «Carta de Margarita Maza a Juárez, Nueva York, 8 de marzo de 1866», en Tamayo, tomo 10, capítulo CLXVIII, p. 39. Disponible en: http://juarez.mhiel.mx/docs/Tomo10/Cap23/index.html?page=39

[172] «Margarita Maza a Juárez, New Rochelle, 8 de julio de 1866», en Tamayo, tomo 11, capítulo CLXXXIV, p. 17. Disponible en: http://juarez.mhiel.mx/docs/Tomo11/Cap8/index.html?page=17

[173] «Margarita Maza a Juárez, Nueva York, 13 de abril de 1866», en Tamayo, tomo 10, capítulo CLXXII, p. 42. Disponible en: http://juarez. mhiel.mx/docs/Tomo10/Cap27/index.html?page=41

[174] Véase Sierra, Justo, *Evolución política del pueblo mexicano*, 1940, p. 423.

[175] «Benito Juárez a Amado Guadarrama», en Tamayo, tomo 14, capítulo CCCVII, p. 12. Disponible en: http://juarez.mhiel.mx/docs/ Tomo14/Cap9/index.html?page=12

[176] Juárez, Benito, «Discurso pronunciado por el presidente de la República en la clausura del Congreso de la Unión. 15 de diciembre de1870», en Tamayo, tomo 14, capítulo CCCXXV, p. 13. Disponible en: http://juarez.mhiel.mx/docs/Tomo14/Cap27/index.html?page=13

[177] Juárez, Benito, «Versión revisada del texto en español a partir del texto en Le Rappel», en Tamayo, tomo 14, capítulo CCCXXIII, p. 55. Disponible en: http://juarez.mhiel.mx/docs/Tomo14/Cap25/index. html?page=55

[178] «Los funerales según El Monitor Republicano», en Tamayo, tomo 14, capítulo CCCXXVI, p. 37. Disponible en: http://juarez.mhiel.mx/ docs/Tomo14/Cap28/index.html?page=37

[179] «Crónica de Ignacio Manuel Altamirano. La muerte de la señora Juárez», en Tamayo, tomo 14, capítulo CCCXXVI, pp. 52-55. Disponible en: http://juarez.mhiel.mx/docs/Tomo14/Cap28/index.html?page=52; y «Los funerales de la señora Juárez y el clero católico de Juan a. Mateos», en Tamayo, tomo 14, capítulo CCCXXVI, pp. 47-51. Disponible en: http://juarez.mhiel.mx/docs/Tomo14/Cap28/index. html?page=47

[180] Juárez, Benito, «Discurso pronunciado por el presidente de la República en la apertura del Congreso de la Unión. 1º de abril de 1871»,

en Tamayo, tomo 14, capítulo cccxxxv, p. 40. Disponible en: http://juarez.mhiel.mx/docs/Tomo14/Cap37/index.html?page=40

[181] Citado en Galeana, Patricia, *Juárez en la historia de México*, México, Miguel Ángel Porrúa, Cámara de Diputados LIX Legislatura, 2006, p. 311.

[182] Juárez, Benito, «Respuesta de Juárez al discurso del ministro español Feliciano Herreros de Tejada, s/f», en Tamayo, tomo 15, capítulo cccxl, p. 32. Disponible en: http://juarez.mhiel.mx/docs/Tomo15/Cap4/index.html?page=32

[183] *Pero llegó la época electoral, en pleno trabajo de reconstitución [...]; ni en la Cámara, ni en la prensa, ni en la opinión pública aparecía un caudillo capaz de hacer contrapeso a Juárez; Lerdo, a pesar del gran prestigio de su inteligencia y del grupo importante de hombres que le rodeaba, no era popular y no podía aspirar a la suprema magistratura sin el apoyo de Juárez; el general Porfirio Díaz [...] era el centro de los anhelos, de los despechos, de los resentimientos del elemento militar excluido; [se había transformado] de caudillo militar a caudillo político, y era temible, y era popular [...]; más había gran desconfianza de sus aptitudes de estadista y su popularidad propia no se transmitía a sus amigos civiles [...]».* Véase, Sierra, Justo, *op. cit.*, pp. 475-485.

[184] Juárez, Benito, «Discurso pronunciado por el presidente de la República en la apertura del VI Congreso de la unión. 16 de septiembre de 1871», en Tamayo, tomo 15, capítulo cccxxxix, p. 13. Disponible: http://juarez.mhiel.mx/docs/Tomo15/Cap3/index.html?page=13

[185] «Carta de Benito Juárez a Ramón Corona, 17 de octubre de 1871», en Tamayo, tomo 15, capítulo cccxli, p. 70. Disponible en: http://juarez.mhiel.mx/docs/Tomo15/Cap5/index.html?page=70

[186] Plan de la Noria, 8 de noviembre de 1871. Biblioteca Jurídica Virtual, Instituto de Investigaciones Jurídicas. Disponible en: https://archivos.juridicas.unam.mx/www/bjv/libros/6/2713/42.pdf

[187] Juárez, Benito, «Jamás volverá a tener México un gobernó bastante degradado que ceda territorio nacional», en Tamayo, tomo 15, capítulo cccxlvi, p. 51. Disponible en: http://juarez.mhiel.mx/docs/Tomo15/Cap10/index.html?page=51

[188] Juárez, Benito, «Discurso de protesta como presidente electo de los Estados Unidos Mexicanos, el 1 de diciembre de 1871», en Tamayo, tomo 15, capítulo cccxlvii, p. 13. Disponible en: http://juarez.mhiel.mx/docs/Tomo15/Cap11/index.html?page=13

[189] *Ídem.*

[190] «Reforma al Plan de la Noria, 3 de abril de 1872», en *ibid.*, tomo 15, capítulo ccclvii, p. 20. Disponible en: http://juarez.mhiel.mx/docs/Tomo15/Cap21/index.html?page=20

[191] Juárez, Benito, «Le preocupa a Juárez asegurar el orden y la tranquilidad. 23 de octubre de 1871», en Tamayo, tomo 15, capítulo CCCXLI, p. 72. Disponible en: http://juarez.mhiel.mx/docs/Tomo15/Cap5/index.html?page=72

[192] Véase Santacilia, Prida, *Siguiendo la vida de Juárez*, pp. 353 y 354, citado en Tamayo, tomo 15, capítulo CCCLXIII, p. 8. Disponible en: http://juarez.mhiel.mx/docs/Tomo15/Cap27/index.html?page=8

[193] «Discurso pronunciado por el señor José María Iglesias, orador oficial en los funerales del Presidente Juárez», en Tamayo, tomo 15, capítulo CCCLXIV, pp. 28-36, Disponible en: http://juarez.mhiel.mx/docs/Tomo15/Cap28/index.html?page=28
La familia Juárez Maza abandonó Palacio Nacional para vivir en la calle de Tiburcio 18 (hoy Segunda de Uruguay), bajo la protección de Pedro Santacilia.

[194] Olózaga, S. de, «Se le ofrece a Juárez ser académico de la Lengua», Tamayo, tomo 15, capítulo CCCXL, p. 54. Disponible en: http://juarez.mhiel.mx/docs/Tomo15/Cap4/index.html?page=54
Lo rechazó señalando que debían conferir tal honor a su yerno Pedro Santacilia, quien sí dominaba la lengua.

[195] «Carta de Benito Juárez a Pedro Santacilia, 25 de agosto de 1865», en Tamayo, tomo 10, capítulo CLII, p. 25. Disponible en: http://juarez.mhiel.mx/docs/Tomo10/Cap7/index.html?page=25

[196] Juárez, Benito, «Según Juárez, los lobos no se muerden, se respetan. 2 de febrero de 1866», Tamayo, tomo 10, capítulo CLXVIII, p. 10. Disponible en: http://juarez.mhiel.mx/docs/Tomo10/Cap23/index.html?page=10

[197] Vázquez Ángeles, Jorge, «Juárez sin Reforma», en *Casa del Tiempo*, octubre 2014, México, UAM, p. 36.

[198] Discurso de Porfirio Díaz en el aniversario luctuoso de Juárez, *El Siglo XIX*, 18 de julio de 1887, citado en Díaz Escoto, Alma Silvia, «Juárez: la construcción del mito», en *Cuicuilco* [online], México, INAH, vol. 15, núm. 43, 2008. Disponible en: http://www.scielo.org.mx/scielo.php?script=sci_arttext&pid=S0185-16592008000200002&lng=es&nrm=iso

[199] La fecha de la carta aún es discutida. Cfr. «La carta de Juárez según New York Herald», en *ibid.*, p 20. Disponible en: http://juarez.mhiel.mx/docs/Tomo9/Cap6/index.html?page=20

[200] Sala 1: Juárez como gobernante y político; se exhiben su banda presidencial, bastón de mando, medallas y condecoraciones.
Sala 2: Área de exposiciones temporales, busto de Benito Juárez.
Sala 3: Las Leyes de Reforma, importancia de luchas emancipadoras del siglo XIX mexicano.

Sala 4: Muestran objetos donados por sus descendientes: relojes, prendas de vestir, arreos masónicos y medallas que recibió como miembro del Rito Nacional Mexicano.

Sala 5: Cómo la familia Juárez Maza vivió según cánones de austeridad, pese a residir en Palacio Nacional; destaca servicio de comedor de la casa.

Sala 6: Figura de Margarita Maza, se exhiben objetos personales, labores de costura y fotografías familiares.

[201] El Albergue Benito Juárez en la Ciudad de México para personas en situación de calle; el Sindicato nacional «Benito Juárez» de trabajadores de la industria de aguas gaseosas, sus transportes, similares y conexos de la República Mexicana; la Asociación de Trabajadores del Volante y Comerciantes de la Vía Pública y Trabajadores No Asalariados Benito Juárez A. C.; la Cooperativa Benito Juárez A. C., para apoyo económico; el Sindicato Único de Empleados y Trabajadores del H. Ayuntamiento de Puebla (SUE-THAPIPOD) «Lic. Benito Juárez García»; el Sindicato de Empleados Benito Juárez del H. Ayuntamiento de Zamora, Michoacán; la Asociación Mexicana de Ayuda Humanitaria Benito Juárez, A. C. en Oaxaca, entre muchas otras.

REFERENCIAS

Discursos y escritos de Benito Juárez

«Reforma al Plan de la Noria», 3 de abril de 1872.

«Discurso de protesta como presidente electo de los Estados Unidos Mexicanos», 1 de diciembre de 1871.

«Discurso de protesta de Juárez como Presidente», 1 de diciembre de 1871.

«Jamás volverá a tener México un gobernó bastante degradado que ceda territorio nacional», 8 de noviembre de 1871.

«Le preocupa a Juárez asegurar el orden y la tranquilidad», 23 de octubre de 1871.

«Carta de Benito Juárez a Ramón Corona», 17 de octubre de 1871.

«Discurso pronunciado por el presidente de la República en la apertura del VI Congreso de la unión», 16 de septiembre de 1871.

«Discurso pronunciado por el presidente de la República en la apertura del Congreso de la Unión», 1 de abril de 1871.

«Discurso pronunciado por el Presidente de la República en la apertura del Congreso de la Unión», 10 de marzo de 1871.

«Carta de Juárez publicada en Le Rappel», 18 de diciembre de 1870.

«Versión revisada del texto en español a partir del texto en Le Rappel», 18 de diciembre de 1870.

«Discurso pronunciado por el presidente de la República en la clausura del Congreso de la Unión», 15 de diciembre de1870.

«Benito Juárez a Amado Guadarrama», 24 de enero de 1870.

«Carta de Benito Juárez a Francisco Antonio Aguirre», 20 de diciembre de 1869.

«Carta de Benito Juárez a Juan Prim», 16 de agosto de 1869.

«Discurso pronunciado por el presidente de la República en la clausura del Congreso de la Unión», 31 de mayo de 1869.

«Carta de Benito Juárez a Severo Cosío», 10 de agosto de 1868.

«Carta de Benito Juárez a Vicente Márquez", 25 de mayo de 1868.

«Discurso pronunciado por el presidente de la República en la clausura del Congreso de la Unión», 29 de marzo de 1868.

«Carta de Benito Juárez a Desiderio Pavón», 27 de marzo de 1868.

«Carta de Benito Juárez a Pedro Santacilia», 2 de marzo de 1868.

«Carta de Benito Juárez al Gral. Juan Francisco Lucas», 19 de febrero de 1868".

«Carta de Benito Juárez a Domingo de Goicouría», 6 de enero de 1868.

«Carta de Benito Juárez a Pedro Santacilia», 5 de enero de 1868.

«Discurso pronunciado a su toma de posesión de la presidencia», 25 de diciembre de 1867.

«Carta de Benito Juárez a Ignacio Pesqueira», 23 de octubre de 1867.

«Carta de Benito Juárez a Clemente López», 30 de agosto de 1867.

«Contestación del presidente de la República al discurso que Mr. Marcos Otterbourg pronunció al presentar sus credenciales de Enviado Extraordinario y Ministro plenipotenciario de los Estados Unidos en México», 19 de agosto de 1867.

«Convocatoria a elecciones», 14 de agosto de 1867.

«Carta de Benito Juárez a Andrés Viesca», 13 de agosto de 1867.

«Manifiesto de Benito Juárez al volver a la capital de la República», 15 de julio de 1867.

«Contestación de Benito Juárez al discurso que, por su entrada en México, pronunció el presidente del Ayuntamiento», 15 de julio de 1867.

«Carta de Benito Juárez a Pedro Santacilia», 15 de mayo de 1867.

«Carta de Benito Juárez a Porfirio Díaz», 27 de abril de 1867.

«Carta de Benito Juárez a Andrés Viesca», 15 de agosto de 1866.

«Según Juárez, los lobos no se muerden, se respetan», 2 de febrero de 1866.

«Carta de Benito Juárez a Pedro Santacilia», 5 de enero de 1866.

«Benito Juárez a Margarita Maza, El Paso del Norte", 15 de septiembre de 1865.

«Carta de Benito Juárez a Pedro Santacilia», 25 de agosto de 1865.

«Colombia declara a Juárez Benemérito de las Américas», 18 de agosto 1865.

«Carta de Benito Juárez a Pedro Santacilia», 23 de febrero de 1865.

«Carta de Benito Juárez a Pedro Santacilia, Chihuahua», 26 de enero de 1865.

«Carta de Benito Juárez a Pedro Santacilia», 5 de enero de 1865.

«Manifiesto del presidente de la República desde Chihuahua», 1 de enero de 1865.

«Carta de Benito Juárez a Pedro Santacilia», 29 de diciembre de 1864.

«Carta de Benito Juárez a Matías Romero», 22 de diciembre de 1864.

«Carta de Benito Juárez a Pedro Santacilia», 22 de diciembre de 1864.

«Carta de Benito a José María Arteaga», 1 de julio de 1864.

«Carta de Juárez a Maximiliano», mayo de 1864.

«La carta de Juárez según New York Herald», mayo de 1864.

«Manifiesto de Benito Juárez ante los habitantes de nuevo León y de Coahuila», 4 de abril de 1864.

«Carta de Benito Juárez a Manuel Doblado», 20 de enero de 1864.

«El ciudadano Benito Juárez, Presidente Constitucional de la República al ejército de Oriente», 10 de junio de 1863.

«Juárez informa a la nación la caída de Puebla», 20 de mayo de 1863.

«Discurso pronunciado por el presidente de la República en la apertura de las sesiones del Congreso de la Unión», 29 de abril de 1863.

«Carta de Benito Juárez a Paulo Verástegui», 14 de enero de 1863.

«Discurso pronunciado por Juárez en Puebla de Zaragoza», 4 de diciembre de 1862».

«Discurso pronunciado por Juárez en la apertura de las sesiones ordinarias del nuevo Congreso», 20 de octubre de 1862.

«Discurso de Juárez pronunciado el 31 de mayo de 1862, al cerrar las sesiones ordinarias del Congreso».

«Discurso pronunciado por el presidente de la República el 15 de abril de 1862 en la apertura de las sesiones ordinarias del Congreso de la Unión».

«El gobierno mexicano decreta estado de sitio», 12 de abril de 1862.

«Manifiesto del presidente Juárez llamando a la defensa de la independencia nacional frente a la intervención francesa», 12 de abril de 1862.

«Carta de Benito Juárez a Matías Romero», 29 de marzo de 1862.

«Manifiesto del ciudadano presidente de la República a la Nación», 18 de diciembre de 1861.

«Apuntes autobiográficos», 4 de junio de 1861.

«Decreto que prohíbe la extracción de los indígenas de Yucatán para el extranjero», 6 de mayo de 1861.

«Proclama en la ciudad de México», 10 de enero de 1861.

«Carta de Benito Juárez a George B. Mathew», 22 de septiembre de 1860.

«Carta de Benito Juárez al ministro español, Joaquín F. Pacheco», 30 de junio de 1860.

«Benito Juárez a Pedro Santacilia», 12 de julio de 1859.

«Justificación de las leyes de Reforma», 7 de julio de 1859.

«Benito Juárez a Pedro Santacilia», 1 de abril de 1859.

«Benito Juárez a Pedro Santacilia», 20 de junio de 1858.

«Juárez al pueblo de Guadalajara», 16 de marzo de 1858.

«Manifiesto a los oaxaqueños», 26 de octubre de 1856.

«Discurso que en la reinstalación del Instituto de Ciencias y Artes del estado pronunció Benito Juárez», enero de 1856.

«Carta de Benito Juárez al Obispo de Michoacán», 5 de diciembre de 1855.

«Carta de Benito Juárez al arzobispo de México», 30 de noviembre de 1855.

«Discurso Pronunciado por Juárez, gobernador del estado de Oaxaca, ante la X Legislatura, al abrir el primer período de sus sesiones ordinarias. Oaxaca», 2 de julio de 1852.

«Exposición al Soberano Congreso de Oaxaca al abrir sus sesiones. Oaxaca», 2 de julio de 1852.

«Carta al Ministro de Relaciones, José María Lacunza», 17 de junio de 1850.

«Exposición al soberano Congreso de Oaxaca al abrir sus sesiones. Oaxaca», 2 de julio de 1848.

«Discurso patriótico pronunciado por Juárez en la ciudad de Oaxaca el 16 de septiembre de 1840.

«*Apuntes para mis hijos*», s/f.

«Respuesta de Juárez al discurso del ministro español Feliciano Herreros de Tejada», s/f.

Otras fuentes

«Alocución», en *El Monitor Republicano*, 5 de abril, 1856.

Altamirano, Ignacio Manuel, Biografía de Ignacio Ramírez», en *Obras de Ignacio Ramírez*, tomo I, p. 9.

_____, «Crónica de Ignacio Manuel Altamirano. La muerte de la señora Juárez», en Tamayo, Jorge L. (selección y notas), *Benito Juárez. Documentos, discursos y correspondencia*, tomo 14, capítulo CCCXXVI, pp. 52-55.

Arrangoiz, Francisco de Paula, *Méjico desde 1808 hasta 1867* [pról. de Martín Quitarte], 2.ª ed., México, Porrúa, 1968.

Churchwell, «Carta de Churchwell a Cass, Veracruz, 8 de febrero de 1859», en Manning, *Diplomatic Correspondence of the United States Inter-American Affairs (1831-1860)*, vol. IX, Washington, Carnegie Endowment for International Peace, 1937.

Congar, Ives M., *Sacerdocio y laicado*, España, Edición Estela, 1964.

Congreso de los Estados Unidos de Colombia, «Decreto del Congreso de los Estados Unidos de Colombia. 2 de mayo de 1865", en Tamayo, Jorge L. (selección y notas), *Benito Juárez. Documentos, discursos y correspondencia*, tomo 10, capítulo CLI, 2006.

Constitución Política de la República Mexicana, 5 de febrero de 1857.

«Convención entre la República Mexicana y los Estados Unidos de América fechada el 14 de diciembre de 1859 en Veracruz», en AHSREM, exp. EUA-10 (II).

Cue Cánovas, Agustín, *Historia social y económica de México*, 1521-1854, México, Trillas, 1980.

De la Garza, Lázaro, «Carta de Lázaro de la Garza, arzobispo de México al ministro de Justicia y Negocios Eclesiásticos, México, 27 de noviembre de 1855», en Tamayo, Jorge L. (selección y notas), *Benito Juárez. Documentos, discursos y correspondencia*, v. 2.

Díaz Escoto, Alma Silvia, «Juárez: la construcción del mito», en *Cuicuilco* [online], vol. 15, núm. 43, México, INAH, 2008.

Doblado, Manuel, "Manuel Doblado a Thomas Corwin», en Tamayo, Jorge L. (selección y notas), *Benito Juárez. Documentos, discursos y correspondencia*, tomo 6, capítulo XLIX, 2006.

Eggers, Henrik, *Memorias de México* [Walter Astié-Burgos, ed.], México, Porrúa, 2005.

Escalante, Félix María *et al.*, *Apuntes para la historia de la guerra entre México y Estados Unidos*, México, Consejo Nacional para la Cultura y las Artes (col. Cien de México), 1991.

«Gacetilla de *El Siglo Diez y Nueve*», 19 de julio de 1872, en Tamayo, Jorge L. (selección y notas), *Benito Juárez. Documentos, discursos y correspondencia*, tomo 15, capítulo CCCLXIII, México, Senado de la República, INEHRM, UAM-Azcapotzalco, 2017.

Galeana, Patricia, *Las relaciones Estado-Iglesia durante el Segundo Imperio*, 2.ª ed. corregida y aumentada, México, UNAM, Siglo XXI, 2015.

_____, *El Tratado McLane-Ocampo. La comunicación interoceánica y el libre comercio*, 2.ª ed. corregida y aumentada, México, CISAN-UNAM, Porrúa Hnos., 2014.

_____, «El pensamiento laico de Benito Juárez», en Colección de Cuadernos «Jorge Carpizo» para entender y pensar la laicidad, cuaderno I, Cátedra Extraordinaria "Benito Juárez», Salazar, Pedro y Pauline Capdeville (coords.), IIJ-UNAM, Instituto Iberoamericano de Derecho Constitucional, México, 2013.

_____, «La disputa por la soberanía (1821-1876)», *México y el mundo. Historia de sus relaciones exteriores 1848-1876*, tomo III, 2.ª ed. corregida y aumentada, México, El Colegio de México, 2010.

_____, *Presencia internacional de Juárez*, México, CEHM-CARSO, 2008.

_____, *Juárez en la historia de México*, México, Miguel Ángel Porrúa, Cámara de Diputados LIX Legislatura, 2006.

_____, «Carlota fue Roja», en Spiller, Roland y Susanne Igler, *Más Nuevas del Imperio. Estudios Interdisciplinarios acerca de Carlota de México*, Alemania, Colección de Estudios Latinoamericanos de la Universidad de Erlangen-Nuremberg, 2001.

_____, *Las relaciones Iglesia-Estado durante el Segundo Imperio*, México, UNAM, 1991.

Galeana, Patricia *et al.*, *La legislación del Segundo Imperio*, México, INEHRM, 2016.

_____, *La República errante*, México, INEHRM, 2016.

Genaro Estrada: Diplomático y Escritor, México, Secretaría de Relaciones Exteriores, Colección del Archivo Histórico Diplomático Mexicano, 1978.

Gómez Farías, Valentín, «Iniciativa de Valentín Gómez Farías en el Congreso Nacional para impedir que se enajene territorio en los tratados de paz, noviembre de 1847», *Planes en la Nación Mexicana*, México, libro 4, Senado de la República, 1987.

Gutiérrez Casillas, José, *Historia de la Iglesia en México*, México, Porrúa, 1974.

Humboldt, Alejandro, *Ensayo político sobre el Reino de la Nueva España*, Jalapa, Imprenta Veracruzana de A. Ruiz, 1869.

Iglesias, José María, «Discurso pronunciado por el señor José María Iglesias, orador oficial en los funerales del Presidente Juárez», en Tamayo, Jorge L. (selección y notas), *Benito Juárez. Documentos, discursos, y correspondencia*, tomo 15, capítulo CCCLXIV, 2006.

_____, *Revistas históricas sobre la Intervención Francesa en México*, Conaculta, 1991.

«Juárez, el indio», en *Presencia Internacional de Juárez*, México, Centro de Estudios de Historia de México, Carso, 27 de mayo de 2008.

Lenguas en riesgo, Instituto Nacional de Lenguas Indígenas.

Legislatura XXVIII, «Mensaje del presidente Venustiano Carranza al Congreso de la Unión», en *Diario de los debates*, Sesión ordinaria de la Cámara de Diputados, 1 de septiembre de 1918, año I, período ordinario, núm. 13.

Lerdo de Tejada, Sebastián, Circular del ministro de gobernación, Sebastián Lerdo de Tejada, 14 de agosto de 1867, en Tamayo, Jorge L. (selección y notas), *Benito Juárez. Documentos, discursos y correspondencia*, tomo 12, capítulo CCXXVI, 2006.

«Ley para el arreglo de la Hacienda Pública, que suspende el pago de la deuda internacional, 17 de julio de 1861», en Tamayo, Jorge L. (selección y notas), *Benito Juárez. Documentos, discursos y correspondencia*, tomo 4, capítulo XXXVII, 2006.

Lincoln, Abraham, «Discurso de Abraham Lincoln ante el Congreso estadounidense, 12 de enero de 1848», National Archives and Records. Administration Records of the U.S. House of Representatives. RG 233, HR 30 A-B 3.

Llave, Ignacio de la, «Un grupo de diputados pide la renuncia a Juárez como Presidente Constitucional. Respuesta de Ignacio de la Llave. 7 de septiembre 1861», en Tamayo, Jorge L. (selección y notas), *Benito Juárez. Documentos, discursos y correspondencia*, tomo 5, capítulo XXXVIII, 2006.

Lodlow, Leonor, «Principales leyes, decretos y reglamentos 1868-1910», en *Los secretarios de Hacienda y sus proyectos (1821-1933)*, tomo II, México, UNAM, IIH.

«Los funerales según El Monitor Republicano», en Tamayo, Jorge L. (selección y notas), *Benito Juárez. Documentos, discursos y correspondencia*, tomo 14, capítulo CCCXXVI, 2006.

Mateos, Juan A., «Los funerales de la señora Juárez y el clero católico de Juan A. Mateos», en Tamayo, Jorge, L. (selección y notas), *Benito Juárez. Documentos, discursos y correspondencia*, tomo 14, capítulo CCCXXVI, 2006.

Maza, Margarita, «Margarita Maza a Juárez, New Rochelle, 8 de julio de 1866», en Tamayo, Jorge L. (selección y notas). *Benito Juárez. Documentos, discursos y correspondencia*, tomo 11, capítulo CLXXXIV, 2006.

_____,«Margarita Maza a Juárez, Nueva York, 13 de abril de 1866», en Tamayo, Jorge L. (selección y notas), *Benito Juárez. Documentos, discursos y correspondencia*, tomo 10, capítulo CLXXII, 2006.

_____, «Carta de Margarita Maza a Juárez, Nueva York, 8 de marzo de 1866», en Tamayo, Jorge L. (selección y notas), *Benito Juárez. Documentos, discursos y correspondencia*, tomo 10, capítulo CLXVIII, 2006.

_____, «Carta de Margarita Maza a Benito Juárez», 10 de noviembre de 1865, en Tamayo, Jorge L. (selección y notas), *Benito Juárez. Documentos, discursos y correspondencia*, tomo 10, capítulo CLIX, 2006.

Méndez Mora, María Belem, «Discurso leído por la señorita doña María de Belem Méndez y Mora», s/f, en Tamayo, Jorge L. (selección y notas), *Benito Juárez. Documentos, discursos y correspondencia*, tomo 14, capítulo CCCII, 2006.

"Mensaje del gobierno constitucional a la nación. 30 de enero de 1860», en Tamayo, Jorge L. (selección y notas), *Documentos, discursos y correspondencia*, tomo 2, capítulo XIV, 2006.

Montes, Ezequiel, «Ezequiel Montes a Porfirio Díaz, 20 de agosto de 1871», en Tamayo, Jorge L. (selección y notas), *Benito Juárez. Documentos, discursos y correspondencia*, tomo 14, capítulo CCCXXXVI, 2006.

Napoleón III, «Carta de Napoleón III, dirigida al conde de Flahaut en octubre de 1861», Secretaría de Relaciones Exteriores, Departamento de Administración y Archivos, Sección de Traductores, Set. 25, México, 1935.

Niox, Gustav, *Expedition du Mexique. 1861-1867*, París, Libraire Militaire de J. Dumaine, 1874.

Ocampo, Melchor, «Comunicación del ministro de Hacienda a los diputados y senadores, 4 de marzo de 1850», en Ocampo, Melchor, *Obras completas* [prólogo de Ángel Pola], tomo II, México, F. Vázquez Editores, 1901.

Olózaga, S. de, «Se le ofrece a Juárez ser académico de la Lengua», en Tamayo, Jorge L. (selección y notas), *Benito Juárez. Documentos, discursos y correspondencia*, tomo 15, capítulo CCCXL, 2006.

Oseguera, Andrés, «Carta de Andrés Oseguera a Melchor Ocampo, Washington, mayo de 1859», en AHMNAH, 2.ª serie de Papeles Sueltos, legajo 8.

Plan de la Noria, 8 de noviembre de 1871. Biblioteca Jurídica Virtual, Instituto de Investigaciones Jurídicas.

Pola, Ángel (comp.), *Miscelánea. Comunicados, respuestas, iniciativas, dictámenes, informes, brindis, etc. de Benito Juárez*, México, Ángel Pola Editor, 1906.

Ramírez, Ignacio, *El partido liberal y la Reforma Religiosa en México*, México, Talleres de la Tipografía Artística, 1898.

Ratz, Konrad, «Las dos batallas de Puebla» [ponencia], Ayuntamiento de Puebla, 16 de marzo 2012.

_____, *Tras las huellas de un desconocido: Nuevos datos y aspectos de Maximiliano de Habsburgo*, Conaculta, INAH, 2008.

Ratz, Konrad y Amparo Gómez Tepexicuapan, *La política de viajes de Maximiliano en México*, Conaculta, 2012.

«Reforma a la ley del 2 de diciembre de 1867», en Tamayo, Jorge L. (selección y notas), *Benito Juárez. Documentos, discursos y correspondencia*, tomo 13, capítulo XXXIV.

Rivera, Agustín, *Anales mexicanos: La Reforma y el Segundo Imperio*, 3.ª ed., México, Escuela de Artes y Oficios, Taller de tipografía dirigido por José Gómez Ugarte, 1994.

Salinas Flores, Berta, *Cartas desde México: dos fuentes militares para el estudio de la Intervención Francesa, 1862-1867*, México, Porrúa, 2001.

«Se reforma la Ley de Instrucción Pública», en Tamayo, Jorge L. (selección y notas), *Benito Juárez. Documentos, discursos y correspondencia*, tomo 13, capítulo CCLXXXVI, 2006.

Sierra, Justo, *Juárez, su obra y su tiempo*, México, UNAM, Dirección General de Publicaciones, Nueva Biblioteca Mexicana, 32, 1972.

_____, *Evolución política del pueblo mexicano*, 1940.

Solana, Fernando *et al.*, *Historia de la educación pública en México*, FCE, SEP, 1981.

Tamayo, Jorge, L. (selección y notas), *Benito Juárez. Documentos, discursos y correspondencia*, 15 tomos, México, INEHRM, 2006.

Valadés, José C., *Maximiliano y Carlota en México*, México, Editorial Diana, 1967.

Vázquez Ángeles, Jorge, «Juárez sin Reforma», en *Casa del Tiempo*, México, UAM, octubre 2014.

Vigil, José María, y Jesús Castañeda, «Editorial de la redacción de *El Siglo Diez y Nueve*», en Tamayo, Jorge, L. (selección y notas), *Benito Juárez. Documentos, discursos y correspondencia*, tomo 15, capítulo CCCLXIII, 2006.

Zárate, Julio, «Los funerales del Sr. Juárez», en Tamayo, Jorge, L. (selección y notas), *Benito Juárez. Documentos, discursos y correspondencia*, tomo 15, capítulo CCCLXIV, 2006.

Zarco, Francisco, «Carta de Francisco Zarco a Alphonse Dubois de Saligny. 6 de mayo de 1861», en Tamayo, Jorge, L. (selección y notas), *Benito Juárez. Documentos, discursos y correspondencia*, tomo 4, capítulo XXXIII, 2006.

Zertuche Muñoz, Fernando, «El Congreso Constituyente de 1856-1857. El decenio de su entorno» en Valadés, Diego y Miguel Carbonell, *El proceso constituyente mexicano. A 150 años de la Constitución de 1857 y 90 de la constitución de 1917*, México, IIJ, UNAM, 2007.